Código Penal Del Estado De Guanajuato

Guanajuato

CODIGO PENAL

DEL ESTADO

LIBRE Y SOBERANO DE GUANAJUATO

———

Gobierno Constitucional del Estado Libre y Soberano de Guanajuato.—Seccion de Justicia.

NUMERO 93.

EL C. FRANCISCO Z. MENA, Gobernador Constitucional del Estado Libre y Soberano de Guanajuato, á los habitantes del mismo, sabed:

Que el H. Congreso ha decretado lo siguiente:

El octavo Congreso constitucional del Estado libre y soberano de Guanajuato, decreta:

CODIGO PENAL DEL ESTADO.

TITULO PRELIMINAR.

Art. 1° Todos los habitantes del Estado, tienen oblgacion:

I. De procurar por los medios lícitos que estén á su alcance, impedir que se consumen los delitos que saben que van á cometerse ó que se están cometiendo, si son de los que se castigan de oficio.

II. De dar auxilio para la averiguacion de ellos y persecucion de los criminales, cuando sean requeridos por la autoridad ó sus agentes, en los casos de urgente necesidad.

III. De no impedir ó dificultar la averiguacion de los delitos y castigo de los culpables.

Esta regla no tiene más excepciones que las

que se expresan en el artículo 11, fraccion II y en el 18.

Art. 2º Ningun habitante del Estado podrá alegar ingnorancia de las prevenciones de este Código. Sus disposiciones obligan á todos aun cuando sean extranjeros, menos en los casos exceptuados por el derecho de gentes, ó cuando una ley especial ó un tratado hayan establecido otra cosa.

Art. 3º Cuando se cometa un delito ó una falta de que no se hable en este Código, y cuya pena esté señalada en una ley especial se impondrá aquella, pero al aplicarla se observarán las disposiciones conducentes de las contenidas en el libro primero de este mismo Código, en todo aquello que no pugne con dicha ley.

LIBRO PRIMERO.

DE LOS DELITOS, FALTAS, DELINCUENTES Y PENAS EN GENERAL.

TITULO PRIMERO.

De los delitos y faltas en general.

CAPITULO I.

Reglas generales sobre delitos y faltas.

Art. 4º Delito es: la infraccion voluntaria de una ley penal, haciendo lo que ella prohibe ó de jando de hacer lo que manda.

Art. 5º. Falta es: la infraccion de las reglas de policía contenidas en el libro cuarto de este Código ó de los reglamentos ó bandos de policía y buen gobierno.

Art. 6º. Hay delitos intencionales y de culpa.

Art. 7º. Llámase delito intencional: el que se comete con conocimiento de que el hecho ó la omision en que consiste son punibles.

Art. 8º. Todo acusado será tenido como inocente, miéntras no se pruebe que se cometió el delito que se le imputa y que él lo perpetró.

Art. 9º. Siempre que á un acusado se le pruebe que violó una ley penal, se presumirá que obró con dolo, á no ser que se averigue lo contrario, ó que la ley exija la intencion dolosa para que haya delito.

Art. 10. La presuncion de que un delito es intencional, no se déstruye aunque el acusado pruebe alguna de las siguientes excepciones:

I. Que no se propuso ofender á determinada persona, si tuvo en general la intencion de causar el daño que resultó: si éste fué consecuencia necesaria y notoria del hecho ú omision en que consistió el delito: si el reo habia previsto esa

consecuencia, ó ella es efecto ordinario del hecho ú omision y está al alcance del común de las gentes; ó si se resolvió á quebrantar la ley, fuera cual fuese el resultado.

II. Que ignoraba la ley.

III. Que creía que ésta era injusta ó moralmente lícito violarla.

IV. Que erró sobre la persona ó cosa en que quiso cometer el delito, ó que es legítimo el fin que se propuso.

V. Que obró de consentimiento del ofendido, exceptuando los casos de que habla el artículo 248.

Art. 11. Hay delito de culpa:

I. Cuando se ejecuta un hecho ó se incurre en una omision, que aunque lícitos en sí no lo son por las consecuencias que producen, si el culpable no las evita por inprevision, por negligencia, por falta de reflexion ó de cuidado, por no hacer las investigaciones convenientes, por no tomar las precauciones necesarias, ó por impericia en un arte ó ciencia, cuyo conocimiento es necesario para que el hecho no produzca daño alguno,

La impericia no es punible, cuando el que ejecuta el hecho no profesa el arte ó ciencia que es necesario saber, y obra apremiado por la gravedad y urgencia del caso.

II. Cuando se quebranta alguna de las obligaciones quo en general impone el art. 1°, exceptuando los casos en que no pueda cumplirse sin peligro de la persona ó intereses del culpable, ó de algun deudo suyo cercano.

III. Cuando se trata de un hecho que es punible únicamente por las circunstancias en que se ejecuta, ó por alguna personal del ofendido; si el culpable las ignora, por no haber practicado préviamente las investigaciones que el deber de su profesion ó la importancia del caso exigen.

IV. Cuando el reo infringe una ley penal hallándose en estado de embriaguez completa, si tiene hábito de embriagarse, ó ha cometido anteriormente alguna infraccion punible en estado de embriaguez.

V. Cuando hay exceso en la defensa legítima.

Art. 12. Para que el delito de culpa sea punible, se necesita:

1. Que llegue á consumarse.

II. Que no sea tan leve que, si fuera intencional, solo se castigaria con un mes de arresto, ó con multa de primera clase.

Art. 13. La obligacion de prestar auxilio á la autoridad para la averiguacion de un delito ó para la aprehension de los culpables, no comprende sus cónyuges, ascendientes, descendientes ó parientes colaterales; ni á las personas que les deben respeto, gratitud ó amistad.

Art. 14. La culpa es de dos clases, grave ó leve.

Art. 15. En los casos de que habla el art. 1? se incurre en culpa grave.

Art. 16. La calificacion de si es leve ó grave la que se comete en los dos casos, queda al prudente arbitrio de los jueces, y para hacerla tomarán en consideracion: la mayor ó menor facilidad de preveer y evitar el daño: si bastaban para esto una reflexion ó atencion ordinarias, y conocimientos comunes en algun arte ó ciencia: el sexo, edad, educacion, instruccion y posicion social de los culpables; si éstos habian delinquido anteriormente en circunctancias semejantes; y si tuvieron tiempo para obrar con la reflexion y cuidado necesarios.

Art. 17. Las faltas solo se castigan cuando han sido consumadas, sin atender màs que al he cho material y no á si hubo intencion ó culpa.

CAPITULO II.

Grados de delito intencional.

Art. 18. En los delitos intencionales se distin guen cuatro grados:

I. Conato.

II. Delito intentado.

III. Delito frustrado.

IV. Delito consumado.

Art. 19. El conato de delito consiste en ejecu tar, uno ó mas hechos encaminados directa ó inmediatamente á la consumacion, pero sin llegar al acto que la constituye.

Art. 20. El conato es punible solámente cuan lo no se llega al acto de la consumacion del deli to por causas independientes de la voluntad del agente.

Art. 21. En el caso del articulo anterior son requisitos necesarios para el castigo:

I. Que los actos ejecutados den á conocer por sí solos ó acompañados de algunos indicios, cuál era el delito que el reo tenia intencion de perpetrar.

II. Que la pena que debiera imponerse por él, si se hubiera consumado, no baje de quince dias de arresto ó quince pesos de multa.

Art 22. En todo conato mientras no se prue be lo contrario, se presume que el acusado suspendió la ejecucion espontáneamente desistiendo de cometer el delito.

Art. 23. Los actos que no reunan todas las circunstancias que exigen los arts 20 y 21, no constituyen conato punible y se consideran como puramente preparatorios del delito.

Art. 24. Los puramente preparatorios son punibles, solamente cuando por sí mismos constituyen un delito determinado que tiene pena señalada en la ley, con excepcion de los casos en que ésta dispone expresamente lo contrario.

Art. 25. Delito intentado es: el que llega hasta el último acto en que debia realizarse la consumacion si ésto no se verifica por tratarse de un delito irrealizable porque es imposible ó porque son evidentemente inadecuados los medios que se emplean.

Art. 26. Delito frustrado es: el que llega hasta el último acto en que debió verificarse la consumacion si ésta no se verifica por causas extrañas á la voluntad del agente, diversas de las que se expresan en el artículo que precede.

CAPITULO III.

Acumulacion de delitos y faltas.—Reincidencia:

Art. 27. Hay acumulacion: siempre que alguno es juzgado á la vez por varias faltas ó delitos ejecutados en actos distintos, si no se ha pronunciado sentencia irrevocable y la accion para perseguirlos no está prescrita.

No es obstáculo para la acumulacion, la circunstancia de ser conexos entre sí los delitos ó las faltas.

Art. 28. No hay acumulacion:

I. Cuando los hechos, aunque disrintos entre sí, constituyen un solo delito continuo.

Llámase delito continuo: aquel en que se prolonga sin interrupcion, por más ó menos tiem, la accion ó la omision que constituyen el delito.

II. Cuando se ejecuta un solo hecho aunque con él se violen varias leyes penales.

Art. 29. Hay reincidencia punible: cuando comete uno ó más delitos el que antes ha sido condenado en el Estado ó fuera de él por otro delito del mismo género, ó procedente de la misma pasion ó inclinacion viciosa, si ha cumplido ya su condena ó sido indultado de ella, y no ha trascurrido además del término de la pena impuesta, una mitad del señalado para la prescripcion de aquella.

Art. 30. La reincidencia no es punible en las faltas, sino cuando la ley lo declara expresamente.

Art. 31. En las prevenciones de los artículos 27 y 29 se comprenden los casos en que uno sólo de los delitos, ó todos, han quedado en la esfera de frustrados, de intentados, ó de simples conatos, sea cual fuere el carácter con que haya intervenido en ellos el responsable.

TITULO II.

DE LA RESPONSABILIDAD CRIMINAL.—CIRCUNSTANCIAS QUE
LA EXCLUYEN, ATENUAN Ó LA GRAVAN.—
PERSONAS RESPONSABLES.

CAPITULO I.

Responsabilidad criminal.

Art. 32. Todo delito produce responsabilidad criminal, esto es, sujeta á una pena al que lo comete, aunque sólo haya tenido culpa y no dañada intencion.

Art. 33. La responsabilidad criminal no pasa de la persona y bienes del delincuente, aun cuando sea miembro de una sociedad ó corporacion;

Si la pena impuesta en sentencia irrevocable es pecuniaria, se pagará de los bienes del delincuen te, los cuales pasan á sus herederos con ese grávamen.

CAPITULO II.

Circunstancias que excluyen la responsabilidad criminal.

Art. 34. Las circunstancias que excluyen la responsabilidad criminal por la infracción de leyes penales son:

1ª Violar una ley penal hallándose el acusado en estado de enajenación mental que le quite la libertad, ó le impida enteramente conocer la ilicitud del hecho ú omisión de que se le acusa:

Con los enajenados se procederá en los términos que expresa el art. 162.

2ª Haber duda fundada, á juicio de facultati-

vos, de si tiene expeditas sus facultades mentales el acusado que, padeciendo locura intermitente, viole alguna ley penal durante una intermitencia.

3ª La embriaguez completa que priva enteramente de la razon, si no es habitual, ni el acusado ha cometido antes una infraccion punible estando ébrio; pero ni aun entonces queda libre de la pena señalada á la embriaguez, ni de la responsabilidad civil.

Faltando los dos requisitos mencionados, habrá delito de culpa con arreglo á la fraccion 4ª del art. 11.

4ª La decrepitud, cuando por ella se ha perdido enteramente la razon.

5ª Ser menor de diez años.

6ª Ser mayor de diez años y menor de catorce al cometer el delito, si no se probare que el acusado obró con el discernimiento necesario para conocer la ilicitud de la infraccion.

En el caso de esta fraccion y de la anterior; se procederá como previenen los arts. 154 á 156 y 158 y 159.

7ª Ser sordo-mudo do nacimiento ó desd

antes de cumplir cinco años, sea cual fuere la edad del acusado al infrinjir la ley penal, siempre que no haya tenido el discernimiento necesario para conocer la ilicitud del hecho por el cual se procede contra él.

Esta circunstancia así como las anteriores, se averiguarán de oficio y se hará declaracion expresa de si han intervenido ó no.

8ª Obrar el acusado en defensa de su persona, de su honor ó de sus bienes, ó de la persona, honor, ó bienes de otro, repeliendo una agresion actual, inminente. violenta y sin derecho; á no ser que el acusador pruebe que intervino alguna de las circunstancias siguientes:

I. Que el agredido provocó la agresion, dando causa inmediata y suficiente para ella.

II. Que previó la agresion y pudo fácilmente evitarla por otros medios legales.

III. Que no hubo necesidad racional del medio empleado en la defensa.

IV. Que el daño que iba á causar al agresor, era fácilmente reparable despues por medios legales ó era notoriamente de poca importancia comparado con el que causó la defensa.

Para hacer la apreciacion de las circunstancias expresadas en las fracs. 3ª y 4ª se tendrá presente el final de la frac. 4ª del art. 188.

9ª Quebrantar una ley penal violentado por una fuerza fisica irresistible.

10 Quebrantarla violentado por una fuerza moral si ésta produce temor fundado ó irrisistible de un mal inminente y grave en la persona del infractor.

11. Causar daño en la propiedad ajena por evitar un mal grave y actual, si concurren estos dos requisitos:

I. Que el mal que cause sea menor que el que trata de evitar.

II. Que para impedirlo no tenga otro medio practicable y menosperjudicial que el que emplea.

12. Causar un daño por mero accidente sin intencion ni imprudencia alguna ejecutando un hecho lícito con todas las precauciones debidas.

13. Ejecutar un hecho que no es criminal sino por circunstancias particulares del ofendido si el acusado las ignoraba inculpablemente al tiempo de obrar.

Si dichas circunstancias no constituyen la cri

minalidad del hecho y solamente lo agravan, no es imputable al reo ese aumento de gravedad.

14. Obrar en cumplimiento de un deber legal ó en el ejercicio legítimo de un derecho, autori. dad, empleo ó cargo público.

15. Obedecer á un superior legítimo en el órden gerárgico, aun cuando su mandato cons tituya un delito, si esta ciscunstancia no es noto ria ni se prueba que el acusado la conocía.

16 Infringir una ley penal, dejando de hacer lo que ella manda por un impedimento legítimo é insuperable.

CAPITULO III.

Prevenciones comunes á las ciscunstancias atenuantes y agravantes.

Art. 35. Las circunstancias atenuantes dis-
minuyen la criminalidad de los delitos, y consi-
gientemente atenúan la pena. Las agravantes au
mentan la criminalidad y agravan la pena.

Art. 86 Tanto las circunstancias atenuantes
como las agravantes, se dividen en cuatro clases, segun la menor ó mayor influencia, que tie
nen en la responsabilidad del delincuente, co
menzando por las de menor importancia.

Art. 37. El valor de cada una de dichas cir
sunstancias, es el siguiente: las de primera cla
ce representan la unidad: las de segunda equiva

len á dos de primera: á tres las de tercera; y á cuatro las de cuarta.

Art. 38. Tanto las circunstancias atenuantes como las agravantes enunciadas en los dos capítulos siguientes, dejarán de tener ese carácter, y no se tomarán en consideracion para aumentar ó disminuir la pena.

I. Cuando sean de tal modo inherentes al delito de que se trate, que sin ellas no pueda cometerse.

II. Cuando constituyan el delito imputado al reo y aquel tenga señalada en la ley una pena especial.

III. Cuando la ley las mencione al describir el delito de que se trate para señalarle pena.

CAPITULO IV.

Circunstancias atenuantes,

Art. 39. Son atenuantes de primera clase:

1ª Haber tenido anteriormente el acusado buenas costumbres.

2ª Hallarse al delinquir en estado de ceguedad y arrebato, producidos por hechos del ofendido contra una persona ligada con el delincuente por gran afecto ilícito, si éste no es un agravio para el ofensor.

3ª. Delinquir excitado por una ocasion favorable, cuando ésta sea verdaderamente fortuita y no constituya una circunstancia agravante del delito, ni el delincuente haya procurado cometerlo antes por otros medios.

4.ª Confesar circunstanciadamente su delito

el delincuente que no fué aprehendido infraganti, si lo hace antes de que la averiguación esté
concluida, y de quedar convicto por ella.

Art. 40. Son atenuantes de segunda clase:

1.ª Presentarse voluntariamente á la autoridad
haciéndole confesion espontánea del delito con
todas sus circunstancias.

2.ª Cometer el delito excitado por hechos del
ofendido que sean un poderoso estímulo para per
petrarlo.

3.ª El temor reverencial en los delitos leves.

Art. 41. Son atenuantes de tercera clase:

1.ª La embriaguez incompleta, si es acciden-
tal ó involuntaria, y el delito de aquellos á que
ella provoca.

2ª Dejar de hacer lo que manda una ley penal, por un impedimento difícil de superar.

3ª Haber reparado espontáneamente el responsable todo el daño que causó ó la parte que
le fué posible, ó procurado impedir las consecuencias del delito.

Art. 42. Son atenuantes de cuarta clase:

1ª Infringir una ley penal hallándose en esta

CODI. ST).— 3

do de enajenacion mental, si ésta no quita ente ramente al infractor su libertad, ó el conocimien to de la ilicitud de la infraccion,

2ª Ser el acusado decrépito, menor ó sordo- mudo, si no tiene el discernimiento necesario pa ra conocer toda la ilicitud de la infraccion.

3ª La defensa legítima, cuando intervenga la primera ó la segunda de las circunstancias enu- meradas en la segunda parte dela fraccion 8ª del art. 34

Cuando intervenga la tercera ó la cuarta, el delito será de culpa.

4ª Quebrantar una ley penal violentado por una fuerza física difícil de superar.

5ª La violencia moral que causa un temor di fícil de superar, si tiene los demás requisitos que se expresan en la fraccion 10ª del art. 34,

6ª Obrar el agente creyendo, con error funda do, en algun motivo racional, que lo hacía en el ejercicio legítimo de un derecho ó en cumpli- miento de un deber propio de la autoridad, em- pleo ó cargo público que desempeña.

7ª Ser el delincuente tan ignorante y rudo, que en el acto de cometer el delito no haya teel discernimiento necesario para conocer la ilicitud de aquel.

4ª Haber precedido inmediatamente provocion ó amenaza grave de parte del ofendido.

9ª Cometer el delito en estado de ceguedad ó arrebato, producidos por hechos del ofendido ejecutados contra el delincuente, su cónyuge, sus descendientes o ascendientes ó contra cualquier otra persona con quien lo liguen vínculos de gratitud, de estrecha amistad ó de grande afecto lícito.

10. Haberse propuesto hacer un mal menor que el causado, á no ser en los casos exceptuados en la fraccion 1ª del art. 10.

Art. 43. Cuando haya en el delito alguna circunstancia atenuante no expresada en este capítulo, y que iguale ó exceda en importancia á las de las clases tercera ó cuarta, así como tambien cuando concurran dos ó más semejantes á las de primera ó segunda clase, fallarán los jueces sin tomarlas en consideracion; pero el tribunal que pronuncie la sentencia irrevocable, informará de eso con justificacion al Gobierno á fin de que conmute ó reduzca la pena, si lo creyere justo.

CAPITULO V.

Circunstancias agravantes.

Art. 44. Son agravantes de primera clase:

1ª Ejecutar un delito contra la persona, faltando á la consideracion que se deba al ofendido por su avanzada edad ó por su sexo.

2ª Cometerlo de propósito por la noche ó en despoblado, ó en paraje solitario.

3ª Emplear astucia ó disfraz.

4ª Aprovechar para cometer el delito la facilidad que proporciona al delincuente el tener algun cargo de confianza del ofendido, si no obra en el ejercicio de su encargo.

5ª. Hacer uso de armas de fuego ó de cuales quiera otras que sean de fácil ocultacion.

6ª. Hallarse el delincuente sirviendo algun empleo ó cargo público al cometer el delito.

Los jueces podrán calificar prudencialmente esta circunstancia, como de segunda ó de tercera clase, segun la mayor categoría del empleo ó cargo que desempeñe el delincuente, exceptuando el caso de que habla la fraccion 15 del art. 46.

7ª. Ser el delincuente persona instruida.

8ª. Haber sido anteriormente de malas costumbres.

9ª. Haber sufrido antes el delincuente la pena impuesta en dos ó mas procesos, por delitos diversos de aquel de que se le acusa, si no hubieren pasado tres años contados desde el dia en que se cumpla la última condena.

10 Ser sacerdote ó ministro de cualquiera religion ó secta.

11. Ejecutar un hecho con el cual se violen varias disposiciones penales.

En tal caso habrá tantas circunstancias agravantes, cuantas sean las violaciones; y se estimarán de primera, segunda, tercera ó cuarta clase,

segun la gravedad que tengan á juicio de los jue ces.

12ª. El parentesco de consanguinidad en cuar to grado de la línea colateral, entre el delincuen te y el ofendido.

Art. 45. Son agravantes de segunda clase:

1ª Causar deliberadamente un mal leve, pero innecesario para la consumacion del delito.

2ª. Emplear engaño.

3ª. Cometer un delito contra la persona en la casa del ofendido, si no ha habido por parte de éste provocacion ó agresion.

4ª. Abuso leve de confianza.

5ª Prevalerse el cupable del carácter público que tenga.

6ª Inducir á otro á cometer un delito si el in ducidor es ya responsable de él por hechos di versos. De lo contrario, la induccion lo constitui rá autor ó cómplice segun el caso en que se en cuentre de los enumerados en las fracs. 1ª 2ª y 3ª del art 49 y en la 2ª del 50.

7ª Delinquir en un cementerio ó en un tem plo sea cual fuere la religion ó secta á que este se halle destinado.

8ª Perjudicar á varias personas, siempre que el perjuicio resulte directa ó inmediatamente del delito, y que éste se ejecute en un solo acto ó en varios si estos están íntimamente ligados por la unidad de intencion, de causa impulsiva ó de cau sa ocasional.

9ª Cometer el acusado un delito que antes ha bia intentado perpetrar, aunque entonces suspen diese su ejecucion espontáneamente y por esto se le absolviera.

10. Vencer graves obstáculos ó emplear gran número de medios.

11. El mayor tiempo que el delincuente per severe en el delito si este es continuo.

12. Faltar á la verdad el acusado, declarando circunstancias ó hechos falsos, á fin de engañar á la justicia y hacer difícil la averiguacion.

13. El parentesco de consanguinidad en ter-cer grado y el de afinidad en segundo de la línea colateral, entre el delincuente y el ofendido.

Art. 46. Son agravantes de tercera clase:

1ª Cometer el delito durante un tumulto, sedi cion ó conmocion popular, terremoto, incendio ú cualquiera calamidad pública, aprovechándo se del desorden ó confusion general que producen ó de la consternacion que una desgracia privada causa al ofendido ó á su familia.

2ª Cometerlo faltando á la consideracion que deba el delincuente al ofendido por la dignidad de éste ó por gratitud.

3ª Valerse de llaves falsas, fracturas, horadacion ó escalamiento.

Se consideran como llaves falsas: los ganchos, ganzúas, llaves maestras, las imitadas ó adaptadas por el delinuuente á una cerradura, y cualquiera otro instrumento que emplee para abrirla y que no sea la llave misma destinada para esto por el dueño, inquilino ó arrendatario.

4ª Cometer el delito contra una persona, por vengarse de que ella ó alguno de sus deudos haya servido de escribano, testigo, perito, apoderado, defensor ó abogado de otro, en negocio que éste siga ó haya seguido contra el delincuente, ó contra los deudos ó amigos de éste.

5ª Inducir á otro por cualquier medio á cometer un delito, si el inducidor es abogado, maestro, tutor, confesor ó superior del delincuente.

Esta fraccion se entiende con la limitacion que expresa la 6ª del art. 45.

6ª Delinquir al estar el reo cumpliendo una condena.

7ª Ser el delito contra un preso, ó contra persona que se halle bajo la inmediata y especial proteccion de la autoridad pública.

8ª Delinquir en un templo ó en un cementerio, si el delito se comete cuando se está practicando una ceremonia ó un acto religioso.

9ª Cometer el delito despues de haber sido amonestado ó apercibido por la autoridad política ó judicial para que no lo cometiera ó de haber dado la caucion de no ofender.

10. Cometerlo en un teatro ó en cualquiera otro lugar de reuniones públicas, durante éstas.

11. Haberse prevalidado el delincuente de la inexperiencia del ofendido, de su ignorancia, miseria ó desvalimiento.

12. Ser frecuente en el territorio el delito que se trate de castigar.

13. Desempeñar un puesto público de los de que habla el art. 104 de la Constitucion del Estado y 103 de la Federal.

14. El parentesco de consanguinidad en segundo grado y el de afinidad en primero, en la línea colateral, entre el delincuente y el ofendido.

Art. 47. Son agravantes de cuarta clase:

1ª Cometer el delito por retribucion dada ó prometida.

2ª Ejecutarlo por medio de incendío, inuada cion ó veneno.

3ª Ejecutarlo con circunstancias que añadan la ignominia á los efectos del hecho, ó que arguyan crueldad ó rencor.

4ª Cometerlo auxiliado de otras personas, armadas ó sin armas ó tener gente preveuida para procurarse la impunidad.

Bajo la denominacion de armas se comprenden:

I. Las propiamente tales, esto es, toda máquina ó instrumento cuyo uso principal y ordinario sea el ataque,

II La reata ó lazo, los palos y piedras,

III. Cualquiera otra cosa cortante, punzante ó contundente que sin estar destinada para el ata que se empleare en él ó de la cual se eche mano con ese fin.

5ᵃ Causar deliberadamente un mal grave que no sea necesario para la consumacion de un delito.

6ᵃ Abuso grave de confianza.

7ᵃ Cometer un delito contra una persona por vengarse de los actos de ella ó alguno de sus deudos hayan ejecutado como árbitros, asesores, jurados ó jueces en negocio del reo ó de un deudo ó amigo de éste, á no ser que se trate de alguno de los casos comprendidos en los arts. 891, 894, 897 á 899.

8º Inducir por cualquier medio á un hijo suyo á cometer un delito.

Esta regla se entiende con la limitacion de la fraccion 6ᵃ del art. 45.

9ᵃ Delinquir en que la autoridad se halle ejerciendo sus funciones.

10. Causar á la sociedad grande [alarma, escándalo ó desórden ó poner en grave peligro su tranquilidad.

11. Cometer un delito con violacion de inmu

nidad personal ó de lugar con conocimiento de la inmunidad.

Se exceptúa el caso en que la pena de la violacion de inmunidad es mayòr que la del delito, pues entonces se considera éste como circunstancia agravante de aquella.

Queda al prudente arbitrio de los jueces calificar la clase á que pertenece la circunstacia mencionada; pero lo harán de modo que el delincuente no resulte castigado con mayor pena que si los dos delitos se hubieran acumulado.

12. Cometer de nuevo, contra el ofendido, el mismo delito que éste habia perdonado antes al delincuente.

13. Calumniar el verdadero reo á personas inocentes procurando que aparezcan como autores del delito de que aquel es acusado, ó como cómplices.

14 Cometer el delito haciendo violencia física ó moral al ofendido.

15 Ser el reo ascendiente, descendiente ó cónyuge del ofendido, á excepcion de aquellos casos en que al tratar de un delito, se considere en la ley como atenuante ó como excluyente esta circunstancia.

CAPITULO VI.

De las personas responsables de los delitos.

Art. 48. Tienen responsabilidad criminal:

I. Los autores del delito.

II. Los cómplices.

III. Los encubridores.

Art. 49. Son respansables como autores de un delito:

I. Los que lo conciben, resuelven cometerlo, lo preparan y ejecutan, ya sea por sí mismo, ó por medio de otros á quienes compelen ó inducen á delinquir, abusando áquellos de su autoridad ó poder, ó valiéndose de amagos ó amenazas graves, de la fuerza física, de dádivas, de promesas ó de culpables maquinaciones ó artificios.

II. Los que son la causa determinante de delito aunque no lo ejecuten por sí mismo ni hayan resuelto ni preparado la ejecucien, y se valgan de otros medios diversos de los enumerados en la fraccion anterior para hacer que otros lo cometan.

III. Los que de palabra ó por escrito estimulan á la multitud á cometer un delito determinado si este llega á ejecutarse, aunque solo se designen genéricamente las víctimas.

Esta fraccion no comprende los delitos de imprenta y el que se halla especificado en el artículo 11 de la ley orgánica de las adiciones y reformas constitucionales expedida el 14 de Diciembre de 1874, los cuales quedarán sujetos á su fuero.

IV. Los que ejecuten materialmente el acto en que el delito queda consumado.

V. Los que ejecutan hechos que son la causa impulsiva del delito, ó que se encaminan inmediata y directamente á su ejecucion, ó que son tan necesarios en el acto de verificarse ésta, que sin ellos no pueden consumarse.

VI. Los que ejecuten hechos que, aun cuando á primera vista parecen secundarios, son de los mas peligrosos ó requieren mayor audacia en el agente.

VII. Los que teniendo por su empleo ó cargo el deber de impedir ó de castigar un delito, se obligan con el delincuente á no estorbarle que lo cometa, ó procurarle la impunidad en el caso de ser acusado.

Art. 50. Son responsables como cómplices:

I. Los que ayudan á los autores de un delito en los preparativos de éste, proporcionándoles los instrumentos, armas ú otros medios adecuados, para cometerlo, ó dándoles instrucciones para este fin, ó facilitando de cualquiera otro modo la preparacion ó la ejecucion, si saben el uso que va á hacerse de las unas y de los otros.

II. Los que, sin valerse de los medios de que habla el párrafo 1° del artículo anterior, emplean la persuacion, ó excitan las pasiones para provo á otro para cometer un delito: si esa provo=

cacion es una de las causas determinantes de éste, pero no la única.

III. Los que en la ejecucion de un delito to
man parte de una manera indirecta ó accesoria.

IV. Los que ocultan cosas robadas, dan asilo á delincuentes, les proporcionan la fuga ó
protejen de cualquiera manera la impunidad; si
lo hacen en virtud de pacto anterior al delito.

V. Los que sin prévio acuerdo con el delincuente, y debiendo por su empleo ó cargo impe
dir un delito ó castigarlo, no cumplen empeñosa
mente con ese deber.

Art. 51. Si varios concurren á ejecutar un de
lito determinado, y alguno de los delincuentes
comete un delito distinto, sin prévio acuerdo
con los otros, éstos quedarán enteramente libres
de responsabilidad por el delito no concertado,
si se llenan los cuatro requisitos siguientes:

I. Que el nuevo delito no sirva de medio ade
cuado para cometer el principal.

II. Que aquel no sea una consecuencia necesaria ó natural de éste ó de los medios concertados.

III. Que no hayan sabido antes que iba á co
meter el nuevo delito.

IV. Que estando presentes á la ejecucion de
éste, hayan hecho cuanto estaba de su parte pa
ra impedirlo, si lo podian hacer sin riesgo grave
ó inmediato de sus personas.

Art. 52. En el caso del artículo anterior serán
castigados como autores del delito no concertado, los que no lo ejecuten materialmente, si faltare cualquiera de los dos primeros requisitos
que dicho artículo exige. Pero cuando falte el
tercero ó el cuarto, serán castigados como cómplices.

Art. 53. El que, empleando los medios de
que hablan los párrafos 1º, 2º y 3º del art. 40 y
párrafo 2º del 50, compela ó induzca á otro á co
meter un delito, será responsable de los demás
delitos que cometa su coautor ó su cómplice so
lamente en estos dos casos.

I. Cuando el nuevo delito sea un medio adecuado para la ejecucion del principal.

II Cuando sea consecuencia necesaria ó natu
ral de éste, ó de los medios concertados.

Pero ni aun en estos dos casos tendrán responsabilidad por los nuevos delitos, si éstos dejaran de serlo si él los ejecutara.

Art. 54. El que, por alguno de los medios de que hablan los párrafos 1°, 2°. y 3° del art. 49 y párrafo 2° del 50, provoque ó induzca á otro á cometer un delito, quedará libre de responsabilidad si desiste de su resolucion y logra impedir que el delito se consume.

Si no lo consigue, pero acredita haber empleado con oportunidad medios notoriamente capaces de impedir la consumacion, se le impondrá la cuarta parte de la pena que merecería sin esa circunstancia.

En cualquiera otro caso se le castigará como autor ó como cómplice, segun el carácter que tenga el delito concertado.

Art. 55. Los encubridores son de tres clases.

Art. 56. Son encubridores de primera clase;

Los simples particulares que, sin prévio concierto con los delincuentes, los favorecen de alguno de los modos siguientes:

I. Auxiliándolos para que se aprovechen de los instrumentos con que se comete el delito ó

de las cosas que son objeto ó efecto de él ó apro
vechándose de los unos ó de las otras los encubridores.

II. Procurando por cualquier medio impedir
que se averigüe el delito, ó que se descubra á
los responsables de él.

III. Ocultando á éstos, si tienen costumbre
de hacerlo, ú obran por retribucion dada ó pro
metida.

Art. 57. Son encubridores de segunda clase:

1º Los que adquieren alguna cosa robada,
aunque no se les pruebe que tenian conocimien
to de esta circunstancia, si concurren las dos siguientes:

I. Que no hayan tomado las precauciones ne
cesarias para asegurarse de que la persona de
quien recibieron la cosa, tenia derecho para disponer de ella.

II. Que habitualmente compren cosas robadas.

Se entiende que hay hábito de comprar cosas
robadas, cuando se le justifique al acusado que
ha incurrido ya anteriormente por tres veces en
igual falta.

7º Los funcionarios públicos que, sin obligacion especial de impedir ó castigar un delito, abusen de su puesto ejecutando alguno de los actos mencionados en el artículo anterior.

Art. 58. Son encubridores de tercera clase:

Los que teniendo por su empleo ó cargo el de ber de impedir ó de castigar un delito, favorecen á los delincuentes, sin previo acuerdo con ellos, ejecutando algunos hechos enumerados en las fracciones 1ª y 2ª del art. 56 ú ocultando á los culpables.

Art. 59. No se castigarán como encubridores á los ascendientes, descendientes, cónyuge ó parientes colaterales del delincuente, ni á los que le deban respeto, gratitud ó estrecha amistad aun que oculten al culpable ó impidan que se averigüe el delito, si no lo hicieren por interés ó no emplearen algun medio que por si sea delito.

TITULO III.

REGLAS GENERALES SOBRE LAS PENAS.—ENUMERACION DE ELLAS.—AGRAVACIONES Y ATENUACIONES.— LIBERTAD PREPARATORIA.

CAPITULO I.

Reglas generales sobre las penas.

Art. 60. No se estimarán como penas: la restriccion de la libertad de una persona ya sea por arraigo ó por detencion ó prision formal, su incomunicacion, la separacion de los empleados públicos de sus cargos ni la suspension en el ejercicio de ellos, decretadas por los tribunales ó por las autoridades gubernativas, cuando esto se haga para instruir un proceso. Tampoco se tendrán como penas el extrañamiento y apercibimiento que haga el superior al inferior en cualquier ramo de la administracion y en el órden puramente disciplinario.

Art 61. No se tendrán por cumplidas las penas de prision, reclusion, arresto ó confinamiento sino cuando el reo haya permanecido en la prision ó lugar fijados en la condena, todo el tiempo de ésta y de la retencion en su caso, á no ser que se le conmute la pena, se le conceda amnistía, indulto ó la libertad preparatoria ó que el reo no tenga culpa alguna en no ser conducido á su destino.

El tiempo de condena se computará desde el dia en que se haya dictado el auto de formal prision, cuya fecha se expresará en la sentencia.

Art. 62. Los presos enfermos se curarán en el establecimiento en que se hallen sea de la clase que fuere ó en el hospital destinado á ese objeto. Pero se podrá permitir á los que lo soliciten que los asista un médico de su eleccion.

En los lugares en que no haya hospitales se

decretará la excarcelacion en los términos que es
tablezca el Código de procedimientos, en el con
cepto de que el tiempo que duren los presos en
el hospital ó excarcelados por causa de enferme
dad se computará en la condena segun lo que se
dispone en el artículo anterior.

Art. 63 Con excepcion de lo que establecen
los artículos 86 y 88 y la fraccion 2ª. del 94, no
habrá distincion alguna entre los reos condenados á prision, arresto ó reclusion por delitos comunes. Todos tendrán aposentos y muebles igua
les.

Esta prevencion no comprende el lecho, el ves
tido y los alimentos, pues los reos podrán usar
los que sus facultades les permitan. Tampoco se
extiende al caso en que los condenados se hallen
enfermos; entonces se les darán los muebles y
alimentos que los facultativos de la prision creyeren necesarios.

Art. 64. Durante el tiempo de prision, reclusion simple, reclusion en establecimiento de correccion penal, ó aaresto, á ningun reo se permi
tirá que tenga en su poder dinero, ni cosa algu-
-- de valor.

Art. 65 Toda pena temporal tiene tres térmi nos, á saber: mínimun, medio y máximum, á no ser que la ley fije el primero y el último. En es te caso podrá el juez aplicar la pena que estime justa, dentro de esos dos términos.

Art. 66. Término medio es el señalado en la ley por cada delito.

Art. 67. El mínimun se forma rebajando del término medio una tercera parte de su duracion.

Art. 68. El máximun se forma aumentando al término medio una tercera parte de su duracion.

Art. 69. En las multas no hay término medio, y los jueces las aplicarán con arreglo á lo que establecen el art. 100 y siguientes.

Art. 70. Toda pena de prision ó de reclusion por dos años ó mas, se entenderá siempre impuesta con la calidad de retencion por una cuar ta parte mas de tiempo, y así se expresará en la sentencia,

Art. 71. La retencion se hará efectiva siempre que el condenado con esa calidad tenga mala con ducta durante el segundo por el último tercio de su condena, cometiendo algun delito, resistiéndo se á trabajar, ó incurriendo en faltas graves de disciplina, ó en graves infracciones de los regla mentos de la prision.

Esta disposision se entiende sin perjuicio de que, en caso de cometer el reo un nuevo delito ó falta, se le aplique la pena correspondiente.

Art. 72. La declaracion de hallarse un reo en el caso de retencion, la hará sumariemente el Tribunal que pronuncie la condenacion irrevoca ble, con audiencia del reo y vista del informe que el encargado de la prision debe rendir sobre la conducta del condenado, acompañando un tes timonio de las constancias que sobre esto haya en el libro de registro.

Art. 73. A los reos condenados á prision ó á reclusion en el establecimiento de correccion pe nal, por dos ó mas años, y que hayan tenido bue na conducta contínua por un tiempo, igual á la mitad del que debía durar su pena, se les podrá dispensar condicionalmente el tiempo restante, y otorgarles una libertad preparatoria.

Art 74 Al condenado á prision extraordinaria no se le otorgará la libertad preparatoria, sino cuando haya, tenido buena conducta contínua por un tiempo igual á dos tercios de su pena.

Trabajo de los presos.

Art. 75. Todo reo condenado á una pena que lo prive de su libertad, y que no sea la de reclusion simple, ni la de arresto menor, se ocupará en el trabajo á que se le destine en la sentencia, el cual deberá ser compatible con su sexo, edad, estado habitual de salud y constitucion física.

Art. 76. No obstante la prevencion del artículo anterior, los arrestados y los reclusos por delitos políticos podrán ocuparse, si quisieren, en el trabajo que elijan, con tal que no se opo-

ga ello el reglámento de la prision ó establecimiento en que se hallen.

Art. 77. Si en la sentencia no se fijare la ola
se de trabajo á que se condena al reo, podrá ele
gir este el que le parezca conveniente, de los per
mitidos en la prision.

Art. 78. Se prohibe toda violencia física para hacer trabajar á los reos, y á los renuentes
se les pondrá en absoluta incomunicacion por do
ble tiempo del que dure su renuencia. Esta
se anotará en el registro que debe llevarse en
las prisiones conforme á sus reglamentos, así co
mo tambien todos aquellos hechos que den á co
nocer la conducta que cada reo observe durante
su condena.

Art, 79, Los sentenciados á prision; reclusion
ó arresto mayor por delitos comues, serán empleados en las obras ó artefactos que necesite la
administracion pública y que aquellos puedan
ejecutar.

Art. 80. Si no pudiere el gobierno darles ocupacion. podrán vender sus artefactos á particula
re ' ocuparse en trabajos que éstos les encar-

guen, siempre que no pugnen con los reglamen
tos de la prision.

Pero nunca se permitirán que empresario ó
contratista alguno tome por su cuenta los talleres de las prisiones, ni que especule con el trabajo de los presos.

Distribucion del producto del trabajo.

Art. 81. Por las obras que hicieren los reos
para la administracion pública del Estado no
percibirán retribucion alguna. El producto de
los demás se distribuirá en los términos que expresan los artículos siguientes.

Art. 82. A los reos condenados á reclusion por
delitos políticos se les aplicará todo el producto
de su trabajo, entregándoles desde luego su importe si lo quieren percibir en efectos, conform

al art. 88; ó despues de extinguir su condena, si prefieren recibirlo en numerario.

Lo mismo se hará con los condenados á arrresto menor.

Art. 83. El producto del trabajo de los condenados por delitos comunes á arresto mayor, prision, ó reclusion en establecimiento de correccion penal, se distribuirá por regla general del modo siguiente: 1° El importe de los alimientos. 2° Del sobrante se separará el cincuenta por ciento para satisfacer la responsabilidad civil. 3° El treinta y cinco por ciento para el fondo de reserva del reo. 4° El quince por ciento para mejoras del establecimiento en que el reo extinga su condena.

Art. 84. Nó obstante lo prevenido en el artículo anterior, al treinta y cinco por ciento que en él se destina, para el fondo de reserva de cada reo, se podrá aumentar un cinco por ciento de lo que le produzca el trabajo que él se proporcione de fuera del establecimiento; y otro cinco por ciento más, por sólo el hecho de que se le otorgue la libertad preparatoria de que se habla en los artículos 95 á 102, aunque el trabajo se lo proporcione el establecimiento. Pero si se lo proporcionare el reo, de fuera, el aumento podrá elevarse hasta un setenta y cinco por ciento de lo que le produzca á aquél durante los seis meses que precedan á la libertad preparatoria.

Art. 85. El fondo de reserva de los reos que fallezcan antes de cumplir su condena, ó de salir en libertad preparatoria, se entregará á sus herederos.

Art. 86. De las cantidades consignadas al fondo de cada reo, se podrá emplear hasta una quinta parte en dar auxilios sucesivos á su familia, si ésta y aquel carecieren de recursos; y hasta un décimo más en gratificaciones semanaria al mismo reo, por todo el tiempo que se hiciere acreedor á ellas por su buen comportamiento.

Art. 87. Por familia se entiende, para el objeto del artícu o anterior: el cónyuge, los ascendientes y descendientes, los hermanos menores de catorce años y las hermanas sin casar que vivan en la casa y á expensas del reo, al tiempo que éste sea aprehendido.

Art. 88. El décimo de que habla el art. 86 no se entregará al reo en numerario, sino en los objetos que él quisiere, y que lícitamente puedan dársele conforme á los reglamentos de la prision.

Art. 89. El resto de su fondo se entregará á cada reo en los términos que prevenga la ley reglamentaria de la libertad preparatoria, sin deduccion alguna para el pago de multas, de los gastos del proceso, ni de otra responsabilidad civil.

CAPITULO II.

Enumeracion de las penas y de algunas medidas preventivas.

Art. 90. Las penas de los delitos en general son las siguientes:

I. Pérdida, á favor del Erario, de los instrumentos del delito y de las cosas qne son efecto ú objeto de él.

II, Extrañamiento.

III. Apercibimiento.

IV. Multa.

V. Arresto menor.

VI. Arresto mayor.

VII. Reclusion en establecimiento de correc cion penal.

VIII. Prision ordinaria en Penitenciaría.

IX. Prision extraordinaria.

X. Muerte.

XI. Suspension de algun derecho civil, de familia ó político.

XII. Inhabilitacion para ejercer algun derecho civil, de familia ó político.

XIII. Suspension de empleo ó cargo:

XIV. Destitucion de determinado empleo, cargo ú honor.

XV. Inhabilitacion para obtener determinados empleos, cargos ú honores:

XVI. Inhabilitacion para toda clase de empleos, cargos ú honores.

XVII. Suspension en el ejercicio de una profesion que exija título expedido por alguna autoridad ó corporacion autorizada para ello.

XVIII. Inhabilitacion para ejercer una profesion.

XIX. Destierro del lugar ó del Estado.

Art. 91. Las penas de los delitos políticos son las siguientes:

I. Pérdida á favor del Erario de los instrumentos del delito y de las cosas que son efecto ú jeto de él.

II. Extrañamiento.

III. Apercibimiento.

IV. Multa.

V: Destierro del lugar de la residencia.

VI. Confinamiento.

VII. Reclusion simple.

VIII. Destierro del Estado.

IX Suspension de algun derecho civil ó político.

X: Inhabilitacion para ejercer algun derecho civil ó político.

XI. Suspension de empleo, cargo ó profesion

XII. Destitucion de empleo, cargo ú honor.

XIII. Inhabilitacion para obtener determinados empleos, cargos ú honores

XIV Inhabilitacion para toda clase de empleos, cargos ú honores.

Medidas preventivas

Art. 92. Las medidas preventivas son:

I Reclusion preventiva en establecimiento de educacion correccional.

II Reclusion preventiva en un hospital.

III. Caucion de no ofender.

IV Amonestacion.

V Sujecion á la vigilancia de la autoridad po ítica.

VI Prohibicion de ir á determinado lugar ó de residir en él.

CAPITULO III.

Atenuaciones y agravaciones de las penas.

Art. 93. Se podrán emplear como agravacio nes las siguientes:

I La multa.

II El aumento en las horas de trabajo.

III Trabajo fuerte.

IV La incomunicacion absoluta con trabajo.

V La incomunicacion absoluta con trabajo fuerte.

VI La incomunicacion absoluta con privacion de trabajo.

Art. 94. Se podrán emplear como atenuacio nes:

I. Que tenga en los días y horas de descanso, alguna recreacion honesta y permitida en el establecimiento.

II. Que emplee hasta una décima parte de su fondo de reserva, en proporcionarse algunos muebles ú otras comodidades, que no prohibe el reglamento de la prision.

III. Conmutarle el trabajo designado en la sentencia, por otro màs adecuado á su educacion y hábitos.

CAPÍTULO IV.

Libertad preparatoria.

Art. 95. Llámase libertad preparatoria: la que con calidad de revocable, y cón las restricciones que expresan los artículos siguientes, se concede á los reos que por su buena conducta se hacen acreedores à esa gracia, en los casos de los artículos 73 y 74 para otorgarles despues una libertad definitiva.

Art. 96. Son requisitos indispensables para alcanzar la libertad preparatoria:

I. Que el reo acredite haber tenido tan buena conducta durante el tiempo fijado en los articulos 73 y 74, que dé á conocer su arrepentimiento y enmienda.

No se estima como prueba suficiente de esto, a buena conducta negativa que consista en no nfringir los reglamentos de la prision; sino que e necesita además, que el reo justifique con hehos positivos, haber contraido hábitos de órlen, de trabajo y de moralidad, y muy particuarmente que ha dominado la pasion ó inclinaion que lo condujo al delito.

II. Que acredite igualmente poseer bienes ó ecursos pecuniarios bastantes para subsistir hon adamente, ó que tiene una profesion, industria i oficio honestos de que vivir durante la liberad preparatoria.

III. Que en este último caso se obligue algu a persona solvente y honrada á proporcionar al reo el trabajo necesario para subsistir hasta que e le otorgue la libertad definitiva.

IV. Que tambien el reo se obligue á no separse, sin permiso de la autoridad que le concede la libertad preparatoria, del lugar que aquella - señale para su residencia.

Esa designacion se hará con audiencia del reo, conciliando que pueda proporcionarse trabajo en el lugar que se le designe, y que su permanencia en él no sea un obstáculo para su enmienda.

V. Que obtenido el permiso de ausentarse, lo presente á la autoridad política del lugar á donde fuere á radicarse, con el documento de que habla la fraccion 2ª del art, 166.

Art. 97. Siempre que el agraciado con la libertad preparatoria tenga durante ella mala conducta, ó no viva de un trabajo honesto, si carece de bienes, ó frecuenta los garitos y tabernas, ó se acompaña de ordinario con gente viciosa, ó de mala fama, se le reducirá de nuevo á prision para que sufra toda la parte de la pena de que se le había hecho gracia, sea cual fuere el tiempo que lleve de estar disfrutando de la libertad preparatoria.

Art. 98. Una vez revocada ésta en el caso del artículo anterior, no se podrá otorgar de nuevo.

Art. 99. Al notificar á los reos la sentencia irrevocable que los condene á sufrir, por mas de dos años, la pena de prision ó la de reclusion en establecimiento de correccion penal, se las hará saber los artículos 70, 71 y 73.

Así se prevendrá en la sentencia, y se asenta rá después de una diligencia formal, que firmará el reo, si supiere, de haberse cumplido con esa prevencion.

Art. 100. A todo reo á quien se conceda la li· bertad preparatoria, se le explicarán los efectos de los artículos 97 y 98, los cuales se insertarán literalmente en el salvoconducto que se le expida, y se le recomendará eficazmente que tenga buena conducta.

Art. 101. Los reos que salgan á disfrutar de la libertad preparatoria, quedaran sometidos á la vigilancia de la autoridad política de que habla la segunda parte del art. 166.

Art. 102. El Código de procedimientos designará: la autoridad que haya de otorgar la libertad preparatoria: los medios de acreditar la buena conducta de los reos que la soliciten: los requisitos de los salvoconductos, y el modo y términos de disfrutar de dicha libertad.

TITULO IV.

EXPOSICION DE LAS PENAS Y DE LAS MEDIDAS PREVENTIVAS.

CAPITULO I.

Pérdida á favor del Erario, de los instrumentos, efectos ú objetos de un delito.

Art. 103. Los instrumentos del delito y cual quiera otra cosa con que se cometa ó intente co meter, así como las que sean efecto ú objeto de él, si fueren de uso prohibido, se decomisarán en todo caso, aun cuando se absuelva al acusado.

Art. 104. Si las cosas de que habla el articu·

lo anterior fueren de uso lícito, se decomisarán solamente cuando concurran los siguientes requisitos:

I. Que el reo haya sido condenado, sea cual fuere la pena impuesta.

II. Que dichos objetos sean de su propiedad, ó que los haya empleado en el delito ó destinado á él con conocimiento de su dueño.

Art. 105. Si los instrumentos ó cosas de que habla el art. 103 sólo sirvieren para delinquir, se destruirán al ejecutar la sentencia irrevocable, asentándose en el proceso razon de haberse hecho así.

Fuera de este caso se aplicarán al gobierno si le fueren útiles; en caso contrario, se venderán á personas que no tengan prohibicion de usarlos y su precio se aplicará á la mejora material de las prisiones de la municipalidad donde se cometió el delito y al establecimiento y fomento de las escuelas que debe haber en dichas prisiones.

Art. 106. La pena de que se habla en este ítulo no se aplicará por las faltas, sino cuando expresamente lo prevenga la ley ó las cosas sean de uso prohibido.

Pero trátese de faltas ó de delitos, se necesitará la aprehension real de los instrumentos, efectos ú objeto del delito ó falta, y no se podrá condenar á los delicuentes en el valor de aquellos, en caso de no verificarse la aprehension.

CAPITULO II.

Extrañamiento.—Apercibimiento.

Art. 107. El extrañamiento consiste: en la manifestacion que la autoridad judicial hace al reo del desagrado con que ha visto su conducta, designando el hecho ó hechos porque se le reprende, y amonestándolo para que no vuelva á incurrir en esa falta.

Art. 108. El apercibimiento es: un extrañamiento acompañado de la conminacion de aplicar al apercibido otra pena, si reincidiere en la falta que se le reprende.

CAPITULO III.

Multa.

Art. 109. Multa es: la pena pecuniaria que impone la autoridad competente por algun delito ó falta.

Las multas son de tres clases:

1ª De uno á quince pesos.

2ª De diez y seis pesos á mil.

3ª De cantidad señalada en la ley; ó de base de terminada por ella para computar el monto de la multa.

Art. 110. Toda multa es personal y si fueren varios los reos, á cada uno se les impondrá la que se estime justa dentro de los términos señalados en este Código.

Art. 111. El artículo anterior no se extiende al caso en que la ley fije como base para calcular la multa el monto del daño causado al ofendido ó del provecho que deba resultar á los delincuentes. Entonces se pagará la multa á prorata por los culpables.

Art. 112. Si la multa es de cantidad fija ó invariable se impondrá ésta en todo caso. Pero si la ley señala un máximum y un mínimum ó uno solo de estos dos términos, se podrá sin salir de ellos aumentar ó disminuir la multa, teniendo en consideracion tanto las circunstancias del delito ó falta como las facultades pecuniarias del culpable, su posicion social y el número de las personas que con arreglo al art. 87 formen su familia.

Art. 113 Para el pago de toda multa que exceda de quince pesos se podrá conceder un plazo hasta de tres meses y que se haga por tercias partes, siempre que el deudor esté imposibilitado de hacerlo en menos tiempo y dé garantía suficiente á juicio del juez que imponga la multa.

Art. 114. Si esta fuere de uno á quince pesos

se podrá conceder un plazo hasta de quince días y que se pague por tercias partes en el caso y con las condiciones indicadas en el artículo anterior.

Art. 115. Si el multado no pudiere pagar en numerario se le permitirá hacerlo encargándose de algun trabajo útil á la administracion pública que ésta le encomiende á jornal ó por un tanto fijo.

Art. 116. En toda sentencia que se imponga multa de diez y seis pesos en adelante sea uno solo ó varios los reos se fijará para todos un solo número de dias de arresto que sufrirán los que no la satisfagan.

El tiempo de arresto no podrá bajar de diez y seis dias ni exceder de cien.

Art. 117. Cuando las multas sean menores de diez y seis pesos el arresto equivalente se computará á dia por peso.

Art. 118. Si la multa fuere de diez y seis pesos en adelante se dividirá su importe en el número de dias señalados y de estos sufrirán los reos los dias equivalentes á la cantidad que dejaren de pagar.

Art. 119. Aunque el multado prefiera sufrir el arresto equivalente á la multa, se hará esta efectiva, ejecutándolo por ella en sus bienes á excepcion de sus vestidos y los de su familia, de sus muebles, instrumentos, útiles y libros própios del oficio ó profesion que ejerza.

Esto se entiende, cuendo la multa no exceda de la cuarta parte de lo que valgan los bienes del reo, y haya necesidad de ejecutarlo en ellos. Si excediere se le ejecutara solo en dicha cuarta parte; y por lo que falte hasta el completo de la multa, se le impodrá el arresto correspondiente con arreglo á los tres artículos que preceden.

Art. 120. Del importe de toda la multa se aplicará: una tercia parte á un fondo destinado para el pago de las indemnizaciones que deba hacer el Erario por responsabilidad civil: otra tercia á la mejora material de las prisiones de la municipalidad en que se cometió el delito, y al establecimiento y fomento de las escuelas que debe hacer en dichas prisiones; y la tercia parte restante al establecimiento de beneficencia designado con anterioridad por el Gobierno, y que asté dentro de dicho municipio.

CODI. ETO.—7

CAPITULO IV.

Arresto mayor y menor.

Art. 121. El arresto menor durará de tres á treinta dias.

El mayor durará de uno á once meses; y cuando por la acumulacion de dos penas exceda de ese tiempo, se convertirá en prision.

Art. 122. La pena de arresto se hará efectiva en establecimiento distinto de los destinados para la prision, ó por lo menos en departamento separado para este objeto.

Art. 123. Solo en el arresto mayor será forzoso el trabajo; pero ni en éste ni en menor se incomunicará á los reos, sino por vía de medida disciplinaria.

CAPITULO V.

Reclusion en establecimiento de correccion penal.

Art. 124. La reclusion de esta clase se hará efectiva en un establecimiento de correccion, destinado exclusivamente para la represion de jóvenes mayores de diez años y menores de diez y ocho, que hayan delinquido con discernimiento.

En dicho establecimiento no solo sufrirán su pena, sino que recibirán al mismo tiempo educacion física y moral.

Art. 125. Los jóvenes condenados á reclusion penal, estarán en incomunicacion absoluta al principio de su pena desde ocho hasta veinte dias segun fuere la gravedad de su delito, pero pasado ese periodo trabajarán en comun con los demás reclusos á no ser que su conducta posterior haga de nuevo necesaria su incomunicacion.

Art. 126. Lo prevenido sobre retencion y liber tad preparatoria en los arts. 70, 73 y 95 á 101 se aplicará á los jóvenes condenados á reclusion pe nal.

Art. 127. Entre tanto que se crian en el Esta do establecimientos de correccion penal, los con denados de que hablan los artículos anteriores extinguirán sus condenas en los hospitales ú otros establecimientos de beneficencia que dependan del Gobierno y que sean designados por él mismo con anterioridad. En defecto de éstos, sufri rán las penas de que se trata en lugares separados dentro de las mismas prisiones y expresamen te señalados para ello.

CAPITULO VI.

Prision ordinaria.

Art. 128. Los condenados á prision la sufrirán cada uno en aposento separado y con incomunica cion de dia y de noche absoluta ó parcial, con arreglo á los cuatro artículos siguientes.

Art. 129. Si la incomunicacion fuere absoluta no se permitirá á los reos comunicarse sino con algun sacerdote ó ministro de su culto, con el di rector del establecimiento y sus dependientes y con los médicos del mismo.

También se les permitirá la comunicacion con alguna otra persona cuando esto sea absolutamen te preciso.

Art. 130. Si la incomunicacion fuere parcial

solo se privará á los reos de comunicarse con los otros presos y en los 'dias y horas que el reglamento determine, se les podrá permitir la comunicacion con su familia y con otras personas de fuera, capaces de instruirlos en su religion y en la moral.

Art. 131. Lo prevenido en el artículo anterior no obstará para que los reos reciban en comun la instruccion que debe dárseles cuando no sea posible hacerlo con cada uno en particular.

Art. 132. La incomunicacion absoluta no podrá decretarse sino para gravar la pena que se imponga al reo cuando aquella no se creyere castigo bastante. Esa agravacion no podrá bajar de veinte dias ni exceder de cuatro meses.

| Lo prevenido en este artículo no se opone á que se aplique la incomunicacion como medida disciplinaria, en los casos y por el tiempo que permitan los reglamentos de las prisiones.

Art. 133. A los mayores de sesenta años no se les podrá agravar la pena con la incomunicacion absoluta.

Art. 134: Las mujeres condenadas á prision, la sufrirán en una cárcel destinada exclusivamen te para ese objeto, ó en un departamento de ella separado y que no se comunique con el de los hombres.

Art. 135. Entre tanto que se establece en el Estado, con la debida perfeccion el régimen penitenciario de manera que puedan observarse los artículos anteriores, la pena de prision se extinguirá en la Penítenciaría de Salamanca, siempre que sea de cinco años en adelante, en la cárcel de "Granaditas" de esta ciudad, cuando fuere de tres á cinco años; y en la del lugar en que se haya instruido el proceso cuando la pena fuere de menos tiempo; aplicando las disposiciones de este capítulo en lo que fuere posible.

CAPITULO VII.

Confinamiento.—Reclusion simple.—Destierro del lugar de la residencia.—Destierro del Estado.—Muerte.—Prision extraordinaria.

Art. 136. El confinamiento se impondrá solamente por delitos políticos; pero la designacion del lugar en que haya de residir el condenado la hará el Gobierno, conciliando las exigencias de la tranquilidad pública con la salud y necesidades del condenado.

Art. 137. El desterrado del lugar de su residencia, no podrá fijarse en otro que diste de aquel menos de diez leguas.

Art. 138. La pena de reclusion simple se aplicará únicamente á los reos de delitos políticos, y se hará efectiva en el lugar que en cada caso designe el Gobierno.

Art. 139. La pena de destierro del Estado, solamente podrá aplicarse para conmutar en ella la de prision, ó la de reclusion simple, aplicadas por los delitos de rebelion ó sedicion ó por otro político si concurren estas dos circunstancias: 1ª, que á juicio del Gobierno, corra peligro la tranquilidad pública de permanecer en el Estado el reo; y 2ª, que éste sea el cabecilla ó uno de los autores principales del delito.

Art. 140. La pena de muerte se reduce á la simple privacion de la vida, y no podrá agravarse con circunstancia alguna, que aumente los padecimientos del reo, antes ó en el acto de verificarse la ejecucion.

Art. 141, Esta pena no se podrá aplicar á las mujeres, ni á los varones que hayan cumplido 70 años.

Art. 142. Se llama prision extraordinaria la que sustituye á la pena de muerte en los casos en que la ley lo permite: se aplicará en el mismo establecimiento que la de prision ordinaria, y durará 15 años.

CAPÍTULO VIII.

Suspension de algun derecho civil, de familia, ó político.—Inhabilitacion para ejercer algun derecho civil, de familia ó político.

Art. 143. La suspension de derechos es de dos clases:

I. La que por ministerio de la ley, resulta de otra pena como consecuencia necesaria de ella.

II: La que por sentencia formal se impone como pena.

En el primer caso, la suspension comienza y concluye de hecho con la pena de que es consecuencia.

En el segundo caso, si la suspension se impone con otra pena privativa de la libertad, comenzará al terminar ésta, y su duracion será la señalada en la sentencia, sin que exceda de doce años ni baje de tres.

Art. 144. Los derechos civiles de cuyo ejercicio queda suspenso el reo como consecuencia de una pena, son los siguientes: ser tutor, curador, apoderado ó albacea, á no ser que sea el único heredero; ejercer una profesion que exija título: administrar por sí bienes propios ó ajenos; ser perito, ser depositario judicial, árbitro ó arbitrador, asesor ó defensor de intestado ó de ausentes.

Art. 145. Las penas que, como consecuencia necesaria producen la suspension de los derechos civiles mencionados en el artículo anterior, son la de prision y la de reclusion.

Es tambien consecuencia de estas penas, cuando su duracion es de un año ó más, la destitucion de todo empleo ó cargo público que ejerza el reo al comenzarse la averiguacion, así como de cualquier título honorífico ó condecoracion concedidas por el Congreso del Estado.

Art. 146. Aunque los reos condenados á las penas de que habla el artículo que precede, no pueden administrar por sí sus bienes, tendrán facultad de nombrar persona que lo haga en su nombre. Igual facultad tendrán cuando conforme al art. 144 recaiga en ellos el albaceazgo.

Art. 147. Las penas que privan de la libertad, sea cual fuere su duracion, producen como consecuencia, la suspension de los derechos políticos, por todo el término de aquellas.

Art. 148. La inhabilitacion para ejercer alguno de los derechos civiles ó de familia, sea ó no de los enumerados en el art. 144, no puede decretarse sino en dos casos:

I. Cuando expresamente lo prevenga este Código

II. Cuando lo permita, si hubo abuso de esos derechos, ó el reo se ha hecho indigno de ejercerlos por otro delito diverso.

Art, 149. La inhabilitacion para ejercer los derechos de ciudadano guanajuatense, no podrá decretarse sino en los casos que fijan los artículos 30 y 31 de la Constitucion del Estado.

CAPITULO IX.

SUSPENSION DE CARGO, EMPLEO Ú HONOR.—DESTITUCION
DE ELLOS.—INHABILITACION PARA
OBTENERLOS. — INHABILITACION PARA TODA CLASE
DE EMPLEOS CARGOS Ú HONORES.

Art. 150. La suspension de empleo ó cargo público, se entiende siempre con privacion de sueldo, y si aquello pasare de seis meses, perderá además el condenado su derecho á los ascensos que le corresponden durante su condena.

Art. 151. La destitucion de un empleo ó cargo, priva al reo de los honores anexos á aquellos y de obtener otros en el mismo ramo, por un término que se fijará en la condena y que no ha ⌐ası pasar de diez años.

Art. 152. La inhabilitacion para determinados empleos, cargos ú honores, produce no solo la privacion del cargo ó empleo sobre que recae la pena y de los honores anexos á ellos, sino tambien incapacidad para obtener en adelante otros en el mismo ramo.

Art. 153. La inhabilitacion para toda clase de empleos, cargos ú honores, priva al reo de los que disfruta al ser condenado, y lo incapacita para obtener cualquiera otro por el tiempo que la ley fije. Cuando no señale el tiempo, la inhabilitacion absoluta será por diez años.

CAPITULO IX.

RECLUSION PREVENTIVA EN EL ESTABLECIMIENTO QUE
DESIGNE EL GOBIERNO.—
RECLUSION PREVENTIVA EN HOSPITAL.

Art. 154. La reclusion preventiva en estable
cimiento que designe el Gobierno, se aplicará:

I. A los acusados menores de diez años, cuan
lo se crea necesaria esa medida, ya por no de-
pender de ninguna persona ó por no ser idóneas
para darles educacion las personas que los tienen á su cargo, ó ya por la gravedad de la infrac
ion en que aquellos incurran.

II. A los menores de catorce años y mayores
le diez, que sin discernimiento, infrinjan alguna
ley penal.

A 155. Siempre que por el aspecto del acu

sado se conozca, ó conste por otro medio legal, que no ha cumplido diez años, se hará desde luego lo que previene el artículo anterior, sin mas diligencias que levantar una acta en que conste la determinacion del juez y sus fundamentos.

Art. 156. El término de dicha reclusíon lo fijará el juez procurando que sea bastante para que el acusado concluya su educacion primaria, y no excederá de seis años.

Art. 157. Ni los jueces, ni las autoridades gu bernativas, podrán poner en el establecimiento destinado á la reclusion preventiva, ni serán admitidos en él, jóvenes condenados por haber delinquido con discernimiento.

Art. 158. Las diligencias de sustanciacion que se hayan de practicar con el acusado menor de catorce años, se ejecutarán precisamente en el establecimiento que se designe al efecto, ó más bien dicho, en el que se designe para la reclusion preventiva, y no en el juzgado.

Si resultare que obró sin discernimiento, se le impondrá la reclusion de que habla la fraccion

2ª del art. 154; en caso contrario, se le trasladará al establecimiento de correccion penal.

Art. 159. En los casos de que hablan los artículos anteriores, podrá el juez que decrete la reclusión poner en libertad al recluso, siempre que éste acredite que puede volver al seno de su familia sin peligro para la sociedad, por haber mejorado de conducta y concluido su educacion, ó porque pueda terminarla fuera del establecimiento.

Art. 160. Los sordo-mudos que infrinjan una ley penal sin discernimiento, serán entregados á su familia ó mandados al establecimiento que designe el Gobierno, en los casos á que se refiere el artículo 154, respecto de menores, por el término necesario para su educacion.

Art. 161. En los casos en que se aplique la reclusion preventiva, los gastos se harán de cuenta del Estado, si los que deben satisfacerlos carecen de recursos para ello.

Art. 162. Los locos ó decrépitos que se hallen en el caso de las fracciones 1ª y 4ª del art. 34, serán entregados á las personas que lo tengan á su cargo; si con fiador abonado ó bienes raíces caucionaren suficientemente, á juicio del juez, el pago de la cantidad que éste señale como multa antes de otorgarse la obligacion para el caso de quo los acusados vuelvan á causar algun otro daño, por no tomar todas las precauciones necesarias.

Cuando no se dé esta garantía, ó el juez estime que ni aun con ella queda asegurado el interés de la sociedad, mandará que los acusados sean puestos en el hospital respectivo, recomendando mucho una vigilante custodia.

Art. 163. Mientras el Estado carezca de establecimientos de educacion correccional, el Gobierno en cada caso designará el local en donde deben permanecer los menores sujetos á esta medida preventiva.

¡CAPITULO XI.

Caucion de no ofender.—Amonestacion.

Art. 164. Llámase caucion de no ofender la protesta formal que en ciertos casos exije al acu sado de no cometer el delito que se proponia y de satisfacer, si faltare á su palabra, una multa que fijará el juez previamente, atendidas las cir cunstancias del caso y de la persona, y cuyo mon to no bajará de veinticinco pesos ni excederá de quinientos.

El pago se garantizará con bienes suficientes ó con fiador idóneo, por el plazo que el juez fi- je; y el instrumento respectivo contendrá ade- ís la conminacion expresa de que si el reo que brantare su compromiso, no solo se le exijirá la multa, sino que se le impondrá tambien la pena del delito, considerando como agravante de tercera clase aquella circunstancia.

Si el acusado es insolvente ó no puede dar la fianza, se dará aviso á la autoridad política para que la vigile de la manera que lo crea conveniente.

Art. 165. La amonestacion consiste: en la advertencia que el juez dirige al acusado haciéndole ver las consecuencias del delito que cometió, excitándolo á la enmienda, y conminándolo con que se le impondrá un castigo mayor si reincidiere.

Esta amonestacion se hará en público, ó en lo privado, segun parezca prudente al juez.

CAPITULO XII.

Sujecion á la vigilancia de la autoridad política.—Prohibicion de ir á determinado lugar, ó de residir en él.

Art. 166. La sujecion á la vigilancia de la autoridad política es de dos clases:

La de primera clase se reduce: á que los agentes de policía estén á la mira de la conducta de la persona sujeta á ella, informándose además de si los medios de que vive son lícitos y honestos.

La de segunda clase, además de lo prevenido en la fraccion precedente, importa: la obligacion que el condenado tiene de no mudar de residenia sin dar tres días antes aviso á la autoridad política de su domicilio, y de presentarse á la del lugar donde se radique, mostrándole la cons

tancia que, de haber llenado ese requisito, le ex
pedirá aquella.

Art. 167. Los jefes de policía y sus agentes
desempeñarán, con la mayor reserva, las obliga
ciones de que habla el artículo anterior, cuidan
do siempre de que el público no trasluzca que se
vigila á los reos, para evitar á éstos los perjuicios que de otro modo se les seguirian.

Art. 168. Los sujetos á la vigilancia de segun
da clase pueden ausentarse por menos de ocho
dias sin dar el aviso que previene el art. 166.

Art. 169. Los condenados por delitos políticos y aquellos á quienes se otorgue la libertad
preparatoria, quedarán siempre sujetos á la vigi
lancia, que será de segunda clase respecto á los
segundos. En cuanto á los primeros será de pri
mera ó de segunda clase segun lo crean conveniente los jueces.

Art. 170. Fuera de los dos casos del artículo
anterior podrán los jueces dictar esta medida,
siempre que á su juicio haya temor de que rein
cida el reo á quien se haya impuesto una pena
corporal mayor que la de arresto.

Art. 171. La sujecion á la vigilancia comen-

zará después de haber cumplido ó prescrito la pe
na el reo ó de habérsele concedido indulto. La
duracion se hará igual á la de la condena sin ex
ceder nunca de seis años.

Art. 172. Esta medida puede modificarse en
su duracion ó de otro modo ó revocarse, cuando
el reo lo pida y acredite su buena conducta, ó
que han cesado los motivos que hicieron dictar
la providencia.

Art. 173. Siempre que un reo quede sujeto á
la vigilancia de la autoridad política, lo partici·
pará á ésta el juez que lo juzgó para que se haga
efectiva.

Art. 174. La prohibicion de ir á determinado
lugar ó de residir en él, no se dictará sino cuando
se trate de un delincuente cuya presencia en di
cho lugar pueda á juicio del juez producir alarma
ó temor fundado de que cometa un nuevo delito.

Art. 175. En la prohibicion de que habla el
artículo anterior se comprende el lugar en que
more el ofendido ó su familia si aquel ha muerto,
siempre que el delito haya consistido en homici
dio voluntario, en heridas graves ó en otras gra
ves violencias contra la persona.

Se exceptúa el caso en que el ofendido ó su familia faltando éste, consientan en que el reo v¿ va en el mismo lugar que ellos.

Art. 176. Lo prevenido en los arts. 171, 172 y 173 respecto de la vigilancia, es también apli cable á la prohibicion de ir á determinado lugar ó de residir en él.

TITULO V.

APLICACION DE LAS PENAS—SUSTITUCION, REDUCCION Y CONMUTACION DE ELLAS—EJECUCION DE LAS SENTENCIAS.

CAPITULO I.

Reglas generales sobre aplicacion de penas.

Art. 177. La aplicacion de las penas propiamente tales, corresponde exclusivamente á la autoridad judicial.

Art. 178. No podrán los jueces aumentar ni disminuir las penas traspasando el máximun ó el minimun de ellas, ni agravarlas ni atenuarlas, sustituyéndolas por ótras, ó señalándoles alguna circunstancia, sino en los términos y casos en que las leyes los autoricen para hacerlo ó lo pre vengan así.

Art. 179. Se prohibe imponer por simple analogía, y aun por mayoría de razon, pena algu na que no esté decretada en una ley exactamente aplicable al delito de que se trate, anterior á él y vigente cuaado éste se cometa. Pero se ex ceptúan en favor del reo los casos sguientes:

I. Cuando entre la perpetracion del delito y la sentencia irrevocable que sobre él se pronun cie, se promulgaren una ó mas leyes que dismi nuyan la pena establecida en otra ley vigente al cometerse el delito, ó la sustituyan con otra menor; se aplicará la nueva ley.

II. Cuando pronunciada una sentencia irrevo cable en que se haya impuesto una pena corpo ral, que no sea la de muerte, se dictare una ley que, dejando subsistente la pena señalada al de lito, solo disminuya su duracion; si el reo lo pi diere y se hallare en el caso de la nueva ley, se reducirá la pena impuesta, en la misma propor cion en que estén el máximun de la señalada en

ley anterior, y el de la señalada en la poste-
r.

III. Cuando pronunciada una sentencia irre-
cable en que se haya impuesto la pena capital,
dictare una ley que varie la pena, se procede
con arreglo á los artículos 228 y 229.

IV. Cuando una ley quite á un hecho ú omi
n el carácter de delito que otra ley anterior
daba, se pondrá en absoluta libertad á los
sados á quienes se esté juzgando, y aun á los
denados que se hallen cumpliendo ó vayan á
plir sus condenas, y cesarán de derecho to-
los efectos que éstas y los procesos debieran
ucir en adelante.

Art. 180. Las delitos contra la libertad, so-
nía é Independencia del Estado, en todo lo
erniente á su régimen interior, contra la in-
idad de su territorio, sus instituciones, su
quilidad, su seguridad, ó contra el personal
administracion; así como la falsificacion
llos públicos, bonos, títulos y demás docu-
os de orédito público del Estado; ó de un
existente por ley en el mismo, se castiga
con arreglo á las leyes, aun cuando dichos

delitos se hayan cometido en territorio extra
jero, ya sean nacionales ó extranjeros los del
cuentes, si fueron aprehendidos en el Estad
ó se hubiere obtenido su extradicion.

Art. 181. Los delitos continuos que, come
dos fuera del Estado, se sigan cometiendo en
se castigarán con arreglo á sus leyes, sean na
nales ó extranjeros los delincuentes.

Art. 182. Siempre que con un hecho ejec
do en un solo acto, ó con una omision, se viol
varias disposiciones penales que señalen pena
versas, se aplicará la mayor, teniendo prese
lo prevenido en la fraccion II del art. 44.

Art. 183. Cuando un delito pueda ser consi
rado bajo dos ó más aspectos, y bajo cada uno
ellos merezca una pena diversa, se impondrá
mayor.

Art. 184. Siempre que la ley prevenga qu
determinados responsables de un delito, se le
ponga una parte proporcional de la pena imp
ta á otros responsables, si la pena no es divisi
ó siéndolo es inaplicable, al delincuente de
se trate, se observarán las reglas siguientes:

I. Si la pena fuere la capital, se hará el cómputo como si fuera de quince años de prision.

II. Si la pena fuere de privacion de derechos, empleo ó cargo, se aplicará proporcionalmente la de suspension por quince años.

Art. 185. Cuando se trate de menores ó de sordo-mudos en el caso del artículo anterior, se hará lo que se previene en los artículos 211 á 215.

CAPITULO II.

Aplicacion de penás á los delitos de culpa.

Art. 186. Los delitos de culpa grave se castigarán en los términos siguientes:

I. Se impondrá la pena de dos años de prision siempre que debiera imponerse la pena de muerte, si el delito fuere intencional.

II. Si en la pena del delito intencional se comprendiere la privacion de algunos derechos civiles ó políticos, se reducirá en los delitos de culpa, á la suspension de esos mismos derechos por el tiempo de dos años.

III. Si al delito intencional debiera aplicarse una pena pecuniaria, se reducirá á la 6ª parte.

IV. En cualquiera otro caso, se castigará el delito de culpa grave con la pena de ocho meses de arresto á dos años de prision.

Art. 187. La culpa leve se castigará imponiendo la terciá parte de las penas que señala el artículo que precede.

Art. 188. Lo prevenido en los artículos anteriores tiene cuatro excepciones:

I. Cuando la ley señale una pena determinada, se aplicará ésta.

II. Cuando la culpa consista en no impedir un delito en los casos de que habla la fraccion 1ª del art. 1º, se castigará con una multa de dos á cien pesos, ó en su defecto con el arresto correspondiente.

III. Cuando la culpa consista en no cumplir lo prevenido en las fracciones 2ª y 3ª del art. 1º, la pena será de uno á cincuenta pesos de multa, ó en defecto de ella el arresto correspondiente.

IV. Cuando la culpa sea de exceso notoriamente leve en defensa legítima, no se impondrá

pena alguna, pero sin perjuicio de la responsabi
lidad civil en que incurra el reo.

Para calificar si el exceso en la defensa es gra
ve ó leve, se tomará en consideracion no solo el
hecho material, sino tambien el grado de agita-
cion y sobresalto del agredido, la hora, sitio y
lugar de la agresion; la edad, sexo, constitucion
física y demás circunstancias del agresor y del
agredido; el número de los que atacaron y de los
que se defendieron; y las armas empleadas en el
ataque y en la defensa.

CAPITULO III.

Aplicacion de penas por conato, delito intentado, delito frustrado y delito consumado.

Art. 189. El conato punible se castigará con la quinta parte de la pena que se aplicaria al delincuente si hubiera consumado el delito.

Art. 190. El delito intentado se castigará con forme á las tres reglas siguientes:

1. Cuando se intente contra personas ó bienes determinados y se consumare involuntariamente en personas ó bienes diversos, se impondrá la pena del delito que resulte consumado.

II. Cuando la consumacion no se verifique por imposibilidad solo de presente, pero se pudiera consumar despues el delito con otros medios ó circunstancias diversas, la pena será de un tercio á dos quintos de la que se impondria si el delito se hubiere consumado.

III. Cuando se deje de consumar por imposibilidad absoluta, se impondrá una multa de diez à mil pesos.

Art. 191. Para castigar el delito frustrado, se observarán estas dos prevenciones:

I. Cuando el delito contra la persona ó bienes de alguno se frustre, pero se consume en la persona ó bienes de otros, se impondrá la pena del delito que resulte consumado.

II. Fuera del caso de la fraccion anterior, se impondrán de dos quintos á dos tercios de la pena que se aplicaria si se hubiera consumado el delito.

Art. 192. Además de lo prevenido en los tres artículos anteriores se tendrá presente:

I. Lo que disponen los arts. 182, 183 y 554 y los que en estos se citan.

II Que cuando la ley señale una pena sin expresar si es del conato, del delito intentado, del frustrado ó del consumado, se entiende que habla de este último.

CAPITULO IV.

Aplicacion de penas en caso de acumulacion y en caso de reincidencia.

Art. 193. Cuando se acumulan solo faltas sufrirá el culpable las penas de todas ellas.

Art. 194. Si se acumularen una ó más faltas á uno ó más delitos, se agregarán las penas de aquellas á la que deba imponerse por los delitos con arreglo á los artículos siguientes.

Art. 195. Si se acumularen diversos delitos y la pena de alguno de ellos fuere la de prision, reclusion, destierro ó confinamiento, por más de tres años se impondrá la pena del delito mayor que podrá aumentarse hasta en una tercia parte de su duracion.

Este mismo aumento se hará respecto de las penas pecuniarias.

Art. 196. La regla del artículo anterior no se aplicará cuando de su observancia resulte una pena mayor que si se acumularen todas las señaladas en la ley á los delitos. En ese caso se impondrán éstas.

Art. 197. Si de todos los delitos acumulados merecieren una pena menor que las de que habla el art 195 se impondrá la que deba aplicarse por el más grave cuya duracion se aumentará hasta en un cuarto más de la suma total de las otras penas corporales. Así mismo se aumentará un cuarto más de las pecuniaria que debieran aplicarse por cada uno de los demás delitos.

En los casos de que habla este artículo y el 195 queda al prudente arbitrio de los jueces calificar cuál sea el delito mayor entre los acumulados.

Art. 198. Cuando por alguno de los delitos acumulados se deba privar al delincuente de uno ó más derechos civiles de familia, políticos, ó suspenderlo en el ejercicio de ellos se hará efectiva esa pena independientemente de las demás.

Art. 199. En los casos de los arts 195 y 197

si uno de los delitos acumulados se hubiere come
tido hallándose ya procesado el delincuente, la
tercia y la cuarta parte de la agravacion que dichos artículos expresan se extenderá hasta una
mitad.

Art. 200. Si el aumento de pena prescrito en
los artículos 195 y 197 no se considerase castigo
bastante por ser muchos en número los delitos,
ó graves en su mayor parte, se agravará la pena
empleando alguno de los medios que se enume-
ran en el art. 93.

Art. 201. Lo dispuesto en el artículo que pre
cede, se hará tambien cuando el reo haya cometi
do antes de su aprehension uno de los delitos acu
mulados, teniendo ya noticia de que se estaba
formando proceso sobre alguno otro de ellos.

Art. 202. La pena capital no puede agravarse
con ninguna otra pena ni circunstancia, aun cuan
do haya acumulacion de delitos.

Art. 203. La pena de perder los instrumentos ó cosas con que se cometió el delito, ó las
que fueron objeto de él, se acumulará siempre
--- tenga lugar.

Art. 204. La reincidencia se castigará con la pena que, atendidas las circunstancias atenuantes y agravantes, deba imponerse por último delito, con un aumento:

I. Hasta de una sexta parte, si el delito fuere menor que el anterior.

II. Hasta de una cuarta, si ambos fueren de igual gravedad.

III. Hasta de una tercia, si el último fuere más grave que el anterior.

IV. Si el reo hubiere sido indultado por el delito anterior, ó su reincidencia no fuere la prime ra, se duplicará el aumento de que hablan las re glas anteriores.

Art. 205. En toda sentencia condenatoria se prevendrá que se amoneste al reo para que no reincida en el delito por el cual se le condena, advirtiéndole las penas á que se expone. Igual amonestacion y advertencia se le harán al poner lo en libertad cuando extinga su condená; y en ambos casos se extenderá una diligencia formal que suscribirá el reo, si supiere.

CAPÍTULO V.

Aplicación de penas á los cómplices y encubridores.

Art. 206. Al cómplice de un delito consumado, frustrado ó intentado, ó de conato, se le castigará con la mitad de la pena que se le aplicaría si él fuera el autor del delito, atendidas las
circunstancias atenuantes y agravantes que en
él concurran.

Art. 207. A los encubridores se les impondrá
en todo caso, obren ó no por interés, la pena de
arresto menor ó mayor. atendiendo á sus circuns
tancias personales y á la gravedad del delito.

Art. 208. Cuando el encubrimiento se haga
interés, además de lo dispuesto en el artícu
anterior, se observarán las reglas siguientes;

I. Si el interés consistiere en retribucion recibida en numerario, pagará el encubridor, por vía de multa, una cantidad doble de la recibida.

II. Cuando la retribucion pecuniaria quede en promesa aceptada, la multa será de una cantidad igual á la prometida, que pagará el que la prometió, y otro tanto que satisfará el encubridor.

III. Cuando la retribucion no consista en numerario, sino en otra cosa propia del delincuente, se entregará ésta, ó el precio legítimo de ella por su falta, y otro tanto más de dicho precio, en los términos expresados en las reglas primera y segunda.

IV. Si la cosa dada ó prometida no perteneciere al delincuente, pagará éste como multa el precio de ella y otro tanto más el encubridor, y se restituirá la cosa á su legítimo dueño, ó su precio, á falta de ella, si no fuere de uso prohibido. Siéndolo, se ejecutará lo que previenen los artículos 103 y 105.

V. Si la retribucion prometida ó realizada no fuere estimable en dinero, el juez impondrá al delincuente principal una multa de cinco á quinientos pesos, y de una cantidad igual al encu bridor, atendiendo á la gravedad del delito y del encubrimiento, á la importancia de la retribucion, y á las circunstancias personales de los culpables.

Art. 209. Si los encubridores fueren de los de que se trata en la fraccion 2ª del art. 57, ademas de las penas de que hablan los dos que preceden, se les aplicará la de suspension de empleo ó cargo, por el término de seis meses á un año.

Art. 210. Si los encubridores fuesen de tercera clase, además de imponerles las penas de que se habla en los artículos 207 y 208, se les destituirá del empleo ó cargo que desempeñen.

CAPITULO VI.

**Aplicacion de penas á los mayores de diez años
que no lleguen á diez y ocho.
y á los sordo--mudos, cuando delincan con
discernimiento.**

Art. 211. Siempre que se declare que el acu
sado mayor de diez años y menor de catorce de
linquió con descernimiento, se le condenará á re
clusion en establecimiento de correccion penal
por un tiempo que no baje de la tercia parte, ni
exceda de la mitad del término que debiera durar la pena que se le impondria siendo mayor de
edad.

Art. 212. Cuando el acusado sea mayor de ca
torce años y menor de diez y ocho, la reclusion

será por un tiempo que no baje de la mitad, ni exceda de los dos tercios de la pena que se le impondria siendo mayor de edad.

Art 213. La proporcion que establecen los dos artículos precedentes se observará en sus respectivos casos aplicando las reglas del art. 184.

Art. 214. Si el tiempo de reclusion de que hablan los arts. 211 y 212 cupiere dentro del que falte al delincuente para cumplir la mayor edad, extinguirá su condena en establecimiento de correccion penal.

Si excediere, sufrirá el tiempo de exceso en la prision comun.

Art. 215. A los sordo-mudos que delinquieren teniendo algun descernimiento, pero no en el necesario para conocer toda la ilicitud de su infraccion, se les aplicarán con arreglo á los arts. 241 y 212 las penas correspondientes que sufrirán en los términos del art 214.

Si obraren con pleno discernimiento, se les castigará como si no fueran sordo-mudos.

CAPITULO VII.

Aplicacion de penas cuando haya circunstancias atenuantes ó agravantes.

Art. 216. Cuando en el delito no haya circuns
tancias atenuantes ni agravantes se aplicará la pe
na señalada en la ley, exceptuando los casos de
acumulacion y reincidencia en los cuales se observará lo que se previene en los arts 193 á 205.

Art. 217. En los casos de conato, delito inten
tado ó delito frustrado, se tomarán en considera
cion las circunstancias atenuantes y las agravan
tes solamente para fijar la pena que deberia imponerse al delincuente si hubiera consumado su
delito y no para computar despues la pena del co

nato, la del delito intentado ni la del frustrado.

Art. 218. Si solo hubiere circunstancias atenuantes se podrá disminuir la pena del medio al mínimum y aumentarla del medio al máximum si solo hubiere agravantes.

Cuando concurran circunstancias agravantes con atenuantes, se aumentará ó disminuirá la pena señalada en la ley segun que predomine el valor de las primeras ó el de las segundas computando en los términos que dice el art 37.

Art. 219. Las circunstancias atenuantes ó agravantes que no tienen relacion con las personas de los acusados sino con el hecho ú omision de que se les acusa, solo aprovechan ó perjudican á los que cometen la infraccion con conocimiento de ellas.

Art. 220. Las circunstancias puramente personales de alguno de los delincuentes no aprovechan ni perjudican á los otros.

Art. 221. Para hacer la calificacion de si el exceso ó la culpa en la defensa legítima son punibles, se tendrá en consideracion no solamente el hecho material, sino tambien el grado de agilacion ó sobresalto del agredido: la hora, sitio,

y lugar de la agresion: la edad, sexo, constitucion física, y demás circunstancias personales del
agredido y del agresor: el número de los que
atacaron y se defendieron; y las armas que se
emplearon en el ataque y la defensa.

Art. 222. Lo prevenido en los cinco artículos
que preceden, se entiende con las restricciones
que establece el art. 38.

Art. 223. Siempre que para absolver á un
acusado ó para disminuir ó aumentar su pena
se hayan tenido en consideracion algunas circuns
tancias excluyentes, atenuantes ó agravantes,
se especificarán todas y cada una de ellas en la
sentencia. Si esta fuere pronunciada por un Tri
bunal colegiado, se tendrán por desechadas aque
llas circunstancias que no hayan sido admitidas
por el número de votos que la ley exija para
formar sentencia.

CAPITULO VIII.

Sustitucion, reduccion y conmutacion de penas.

Art. 224. La sustitucion no puede hacerse sino por los jueces, cuando la ley lo permita, y al pronunciar en los procesos las sentencias definitivas, ya imponiendo una pena diversa de la señalada en la ley, ya empleando la amonestacion ó la reprencion, ó ya exigiendo la caucion de no ofender.

Art. 225. La sustitucion se hará en los casos siguientes:

I. Cuando la pena señalada en la ley fuere la capital, y el delincuente sea mujer, ó haya cumplido setenta años al pronunciarse la sentencia.

Cuando la pena del delito sea la capital, y ha ya habido al menos una circunstancia atenuante de cuarta clase, ó varias que, aunque de clase diversa, tengan reunidas el valor de aquellas, no ha concurrido ninguna agravante.

III. Cuando la pena señalada en la ley sea la capital y hayan pasado cinco años desde que el delito se cometió hasta la aprehension del reo, aunque se haya actuado en el proceso.

IV. Cuando se trate de un delito que no haya causado escándalo á la sociedad, y la pena señalada en la ley no pase de arresto menor, si concurren los requisitos siguientes: que sea la primera vez que delinque el acusado: que haya tenido hasta entónces buena conducta: y que medien además algunas circunstancias dignas de consideracion, ó á falta de éstas, consienta el ofendido en que no se aplique la pena de la ley.

V. Cuando el delito consista en amenazas ó en hechos punibles, que revelen la intencion de cometer un delito contra determinada persona, si no se ha causado escándalo ó alarma á la socie dad, ni la pena señalada al delito con que se amenazaba pasare de arresto mayor y el ofendido consintiere en la sustitucion.

VI. En los demás casos en que, al tratar este Código de un delito determinado, lo diga expresamente.

Art. 226. Para hacer la sustitucion se observarán las reglas siguientes:

I. En los casos primero, segundo y tercero, se sustituirá á la pena capital la de prision extraordinaria.

II. En el caso cuarto, se hará la simple amonestacion, el estrañamiento ó apercibimiento de que hablan los artículos 107, 108 y 165, solos ó acompañados de una multa de primera clase; ó se impondrá la multa correspondiente al tiempo que debía durar la pena que se le dispensa, según lo que el juez crea bastante para la enmien da del acusado, atendidas sus circunstancias y las del delito.

Los jueces advertirán á los culpables: que si reincidieren se les castigará irremisiblemente co mo reincidentes, y así se hará constar en una ac ta, de la cual se dará copia al acusador.

III. En el caso quinto se podrá exigir la cau cion de no ofender con arreglo al art. 164.

Art. 227. No se podrá hacer la reduccion ni la comutacion de penas sino por el Poder Ejecu tivo, y despues de impuestas por sentencia irre- vocable.

Art. 228. La conmutacion de la pena capital no será forzosa sino en dos casos: 1° Cuando ha- yan pasado cinco años, contados desde la notifi- cacion al reo de la sentencia irrevocable en que se le impuso: 2° Cuando despues de ésta se ha- ya promulgado una ley que varíe la pena, y con curran en el reo las circunstancias que la nueva ley exija.

En los demás casos la conmutacion de las otras penas podrá hacerla el Ejecutivo:

I. Cuando, á su juicio, lo exija la conveniencia ó la tranquilidad pública,

II. Cuando el condenado acredite plenamente que no puede sufrir la pena que le fué impuesta ó alguna de sus circunstancias, por haber cumplido ya sesenta años, ó por su sexo, constitucion física, ó estado habitual de salud.

III. En el caso del art. 43.

Art. 228. En la comutacion de penas se observarán las reglas siguientes:

I: Cuando la pena impuesta sea la de muerte, se conmutará con la de prision extraordinaria, excepto en el segundo caso del artículo anterior, en el cual se hará la conmutacion con la pena de la nueva ley.

II. Cuando sea la de confinamiento, se conmutará en la de prision si el delito es comun; y en la de reclusion si es político, por un término igual à los dos tercios del que debia durar el destierro ó el confinamiento.

III. Si fuere la de arresto, se conmutará en la multa correspondiente al tiempo que debia durar la pena.

IV. Cuando únicamente por alguna de las cir

cunstancias de la pena, sea esta incompatible con la edad, sexo, salud ó constitucion física del reo, se modificará esa circunstancia.

Art. 230. La reduccion de las penas solamente puede hacerse en el caso del art. 43, con sujecion á las reglas establecidas en el capítulo próximo anterior, y en el caso de la fraccion 2ª del art. 179.

Art. 231. Tanto la reduccion y conmutacion, como en la sustitucion quedará siempre á salvo el derecho que haya á la responsabilidad civil.

CAPITULO IX.

Ejecucion de las sentencias.

Art. 232. No podrá ejecutarse sentencia alguna revocable.

Art. 233. Tampoco se ejecutará la irrevocable, cuando sea corporal la pena que en ella se impone, si despues de pronunciada se pusiere el reo en estado de enajenacion mental. En ese caso se ejecutará cuando recobre la razon.

Art. 234. La ejecucion de las sentencias no se hará en otra forma ni con otras circunstancias

que las prescritas en la ley de procedimientos.

Art. 235. La pena de muerte no se ejecutará en público, sino en la cárcel ó en otro lugar cerrado que el juez designe, sin otra testigos que los funcionarios á quienes imponga este deber el Código de procedimientos, y un sacerdote ó mi. nistro del culto del reo, si éste lo pidiere.

Art. 236. La pena de muerte no se ejecutará en domingo ni en otro dia festivo de los designa dos como tales por la ley, y se concederá siem- pre al penado un plazo que no pase de tres dias, ni baje de veinticuatro horas, para que se le mi- nistren los auxilios esprituales que pida, segun su religion, y haga su disposicion testamentaria.

Art. 237. La ejecucion se participará al públi co por medio de carteles que se pondrán en los parajes en que se acostumbre fijar las leyes, en el lugar de la ejecucion y en el domicilio del reo expresando su nombre y su delito.

Art. 238. Su cuerpo será sepultado sin pompa alguna ya sea que el entierro lo mande hacer la autoridad ó ya que lo verifiquen los parientes ó amigos del reo. La contravencion de éstos, en

ese punto se castigará con la pena de arresto me
nor ó segun las circunstancias.

Art. 239. Una vez cumplida la pena de prision no se podrá prolongar, aun cuando no esté
cubierta la responsabilidad civil del reo, ni éste
haya aprendido el oficio á que se le dedicó.

TITULO VI.

EXTINCION DE LA ACCION PENAL.

CAPITULO I.

Reglas preliminares.

Art. 240. La accion penal se extingue:

I. Por la muerte del acusado.

II. Por amnistía

III. Por perdon y consentimiento del ofendido

IV. Por prescripcion.

V. Por sentencia irrevocable.

Art. 241. El reo puede alegar en cualquier es
tado del proceso las excepciones que producen
las causas enumeradas en las fracciones 2ª, 3ª,
4ª y 5ª del artículo anterior.

CAPITULO II.

Muerte del acusado—Amnistía.

Art. 242. La muerte del acusado acaecida antes que se pronuncie contra él sentencia irrevocable, extingue la accion criminal aunque la pena señalada en la ley sea pecuniaria.

Art. 243. La amnistía extingue la accion penal en todos sus efectos solamente en los casos en que se puede proceder de oficio, aprovecha á todos los responsables del delito aun cuando ya estén condenados ;y si se hallaren presos se les pondrá desde luego en libertad.

Art. 244. Lo dispuesto en el artículo anterior se entiende sin perjuicio de la responsabilidad civil.

CAPITULO III.

Perdon y consentimiento del ofendido.

Art. 245. El perdon del ofendido no extingue la accion penal sino cuando reune estos tres requisitos: que el delito sea de aquellos en que no se puede proceder de oficio, que se otorgue antes de que se haga la acusacion ó despues de ésta si el acusado lo acepta y por persona que tenga facultad legal de otorgarlo.

Art. 246. El perdon podrá concederse y surtirá sus efectos en cualquiera estado del proceso. Una vez concedido no podrá revocarse.

Art. 247. Si fueren varios los ofendidos, el perdon concedido por alguno de estos no extinguirá la accion de los otros. Si los delincuentes fueren varios, el perdon no podrá otorgarse sino á todos ellos.

Art. 248. El previo consentimiento del ofen dido para que se cometa un delito en su persona, contra su honor ó contra sus intereses, extinguirá la accion penal solo en los casos siguientes:

I. Cuando no se pueda proceder sino por que ja de parte.

II. Cuando el delito sea solo contra los intere ser del ofendido, si éste tuviere la libre disposi cion de ellos, y no resultare daño, peligro ó alar ma á la sociedad, ni perjuicio á un tercero.

CAPITULO IV.

Prescripcion de las acciones penales.

Art. 249. Por la prescripcion de la accion pe
nal, se extingue el derecho de proceder contra
los delincuentes por queja de parte y de oficio.

Art. 250. La prescripcion producirá su efecto aunque no la alegue como excepcion el acusa
do. Los jueces la suplirán de oficio en todo caso,
tan luego como tengan conocimienta de ella, sea
cual fuere el estado del proceso.

Art. 251. La prescripcion es personal, y para ella basta el simple trascurso del tiempo señalado en la ley.

Art. 252. Los términos de la prescripcion han de ser contínuos, y se contará comprendiéndose en ellos el dia en que comienzan y aquel en que concluyen.

Art. 253. En toda prescripcion no consumada al publicarse este Código, se obsevarán estas dos reglas:

I. Si el término fijado en este Cdigo para la prescripcion fuere mayor que el que las leyes anteriores señalaban, se estará á lo dispuesto en estas.

II. Si por el contrario, fuere menor se reducirá el tiempo que falta para prescribir, en la misma proporcion en que esté el término fijado en este Código y en el relativo de las leyes anteriores.

Art. 254. Las acciones provenientes de delitos cometidos antes de promulgarse este Código, y que entónces eran imprescriptibles, dejan de serlo. Los términos para la prescripcion serán los que señale este Código, y se contará desde el dia en que comience á regir.

Art. 255. Las acciones criminales que se pue

dan intentar de oficio, se prescribirán en los pla
zos siguientes:

I. En un año si la pena fuere de multa, ó a‑
rresto menor.

II. En diez años las que nazcan de delito que
tenga señalado por pena la capital, ó las de in ha
bilitaclon ó privacion.

III. Las demas acciones que nazcan de delito
que tenga señalada una pena corporal, la de sus
pension ó destitucion de empleo ó cargo ó la de
suspension en el ejercicio de algun derecho ó
profesion, se prescribirán en un término igual
al de la pena, pero nunca bajará de dos años.

Art, 256. Si el delincuente permaneciere fue
ra de la República dos tercias partes. por lo me
nos, del término señalado en la ley para la pres
cripcion de la accion penal, no quedará esta
prescrita sino cuando haya trascurrido todo el
término de la ley y una tercia parte más.

Art. 257. Los plazos de que hablan los ar‑
tículos anteriores se contarán desde el dia en
que se cometió el delito. Si este fuere contínuo,
se contarán desde el último acto criminal.

Art, 258. Cuando haya acumulacion de deli

tos, las acciones penales que de ellos resulten se prescribirán separadamente en el tiempo señalado á cada uno.

Art. 259. La accion penal que nazca de un delito que solo pueda perseguirse por queja de parte, se prescribirá en un año, contado desde el dia en que la parte ofendida tenga conocimiento del delito y del delincuente. Pero si pasaren tres años sin que se intente la accion, se prescribirá ésta, haya tenido ó no conocimiento el ofendido.

Art. 260. Cuando para deducir una accion penal sea necesario que ante se termine un juicio diverso, civil ó criminal, no comenzará á correr la prescripcion, sino hasta que en el juicio previo se haya pronunciado sentencia irrevacable.

Art. 261. La prescripcion de las acciones se interrumpirá por las actuaciones del proceso que se instruya en la averiguacion del delito y delincuentes; aunque por ignorarse quiénes sean estos, no se practiquen las diligencias contra persona determinada.

Si se dejare de actuar, la prescripcion comen

zará de nuevo desde el dia siguiente á la última diligencia.

Art. 262. Lo prevenido en la primera parte del artículo anterior, no comprende el caso en que las diligencias se practiquen despues que haya trascurrido ya la mitad del término para la prescripcion.

Entonces comenzará de nuevo á correr ésta con la otra mitad del término, y no se podrá interrumpir en adelante, sino por la aprehension del reo.

Art. 263. Si para deducir una accion criminal, exigiere la ley previa declaracion ó permiso de jaguna autoridad, las gestiones que á este fin se practiquen, interrumpirán la prescripcion.

Art. 264. En los delitos de que se trata en los artículos 109 y 117 de la Constitucion del Estado, se observará lo que en ellos se dispone respecto de la prescripcion de las acciones penales que nazcan de aquellos.

CAPITULO V.

Sentencia irrevocable.

Art. 265. Pronunciada una sentencia irrevocable, sea condenatoria ó absolutoria, no se podrá intentar de nuevo la accion criminal por el mismo delito contra la misma persona.

Art. 266. La sentencia pronunciada en un proceso seguido contra alguno de los autores de un delito, no perjudicará á los demás responsables no juzgados, cuando sea condenatoria; pero sí les aprovechará la absolutoria, si tuvieren á su favor las mismas excepciones que sirvieron de fundamento á la absolucion.

TITULO VII.

Extincion de la pena.

CAPITULO I.

Causas que extinguen la pena.

Art. 267. La pena se extingue:

I. Por su cumplimiento.

II. Por la muerte del acusado.

III. Por la amnistía.

IV. Por la rehabilitacion.

V. Por el indulto.

VI. Por la prescripcion.

VII. Por el perdon de la parte, á cuya instancia se haya formado.

CAPITULO II.

Cumplimiento de la pena.—Muerte del acusado.— Amnistía.—Rehabilitacion.

Art. 268. El cumplimiento de la pena será en los mismos términos comprendidos en la sentencia, y conforme á las leyes establecidas para cada una. En los casos de conmutacion, reduccion y libertad preparatoria, el cumplimiento de dicha pena será el de la conmutada ó reducida, ó cuando el reo no haya faltado á los requisitos del art: 97 de este Código.

Art. 269. La muerte extingue la pena corporal impuesta al acusado, pero no la pecuniaria, ni la de comiso de los instrumentos con que se cometió el delito y de las cosas que son efecto ú objeto de él; pues al pago de ellas quedan afectos los bienes del finado con arreglo al. art. 33.

Art. 270. La amnistía extingue la pena y todos sus afectos, en los mismos casos que extingue la accion con arreglo á las prescripciones de los arts. 243 y 244.

Art. 271. La rehabilitacion tiene por objeto reintegrar al condenado en los derechos civiles, políticos ó de familia que habia perdido ó en cuyo ejercicio estaba suspenso.

La rehabilitacion se otorgará en los casos y con los requisitos que exprese el Código de procedimientos criminales.

CAPITULO III.

Indulto.

Art. 272. El indulto no puede concederse sino de pena impuesta en sentencia irrevocable.

Art. 273. En todo caso en que la ley no lo prohiba expresamente, se podrá conceder indulto de la pena capital y entonces se conmutará ésta en la de prision extraordinaria.

Art. 274. No se podrá conceder indulto en los casos de que se habla en el art 169 de la Constitucion del Estado, sino en los términos que él mismo establece.

Tampoco podrá otorgarse de la pena de inhabilitacion para ejercer una profesion ó alguno de os derechos civiles ó políticos ó para desempeñar determinado cargo ó empleo. Esta pena solo se extingue por la amnistía ó por la rehabilitacion.

Art 275. En la concesion de indulto de penas que privan de la libertad por delitos comunes se observarán estas dos reglas:

1ª Se podrá conceder indulto sin condicion alguna cuando el que lo solicite haya prestado servicios importantes á la nacion ó al Estado, cuando el Gobierno juzgue que así conviene á la tranquilidad ó seguridad públicas ó cuando aparezca que el condenado es inocente.

2ª En los demás casos se otorgará cuando se hayan verificado los tres requisitos siguientes:

I. Que haya sufrido el reo dos quintos de su pena.

II. Que durante ese término haya tenido buena conducta continua y acreditado su enmienda en la forma que exige la frac I del art 96.

III. Que haya cubierto su responsabilidad civil ó dado caucion de cubrirla ó acreditado que se halla en absoluta insolvencia.

Art. 276. La concesion de indulto en delitos políticos no está sujeta á traba alguna y queda á la prudencia y discrecion del Gobierno otorgarla ó no esa gracia.

Art. 277. El reo indultado no se libra por el indulto de la sujecion á la vigilancia de la autoridad política, ni de la prohibicion de ir á determinado lugar ó de residir en él siempre que aquella vigilancia ó esta prohibicion se hayan decretado en la sentencia irrevocable.

Art. 278. Siempre que se conceda indulto, quedará á salvo la responsabilidad civil.

CAPITULO IV.

Prescripcion de las penas.

Art. 279. La prescripcion de una pena extingue el derecho de ejecutarla y de conmutarla en otra.

Art. 280. En la prescripcion de la pena se observará lo dispuesto en los artículos 250 á 254, en lo que no se oponga á las prevenciones de los artículos siguientes.

Art. 281. La multa se prescribirà á los cuatro años.

Art. 282. La pena capital y la de prision extraordinaria se prescriben en quince años, pero la primera se conmutará en la segunda con arreglo al art. 228, cuando el reo sea aprehendido despues de cinco años y antes de quince.

Art. 283. Las demas penas, excepto en el caso del artículo anterior, se prescriben por el trascurso de un término igual al que debía durar la pena, y una cuarta parte mas; pero nunca excederá de quince años.

Art. 284. Cuando el reo hubiere sufrido ya una parte de la pena, se necesitará para la prescripcion tanto tiempo como el que falte de la condena, y una cuarta parte mas; pero estos dos períodos no excederán de quince años.

Art 285. Los términos para la prescripcion de las penas, se cuentan desde el dia en que el condenado se sustrae de la accion de la autoridad.

Art. 286. La prescripcion de las penas corporales solo se interrupe aprehendido el reo, aunque la aprehension se ejecute por otro delito diverso.

La prescripcion de las pecuniarias solo se interrumpe por el embargo de bienes para hacerlas efectivas.

Art, 287. La privacion de derechos civiles ó políticos es imprescriptible.

CODL GTO.—13

Art. 288. Los reos de homicidio voluntario, heridas graves, ó graves violencias, que hayan prescrito su pena, no podrán residir en el lugar en que, al consumarse la prescripcion, vive el ofendido ó sus descendientes, ascendientes, cónyuge ó hermanos, sino pasado un tiempo igual al que debia durar la pena, ó con el consentimiento expreso de las personas mencionadas.

CAPITULO V.

Perdon del ofendido.

Art. 289. El perdon del ofendido extingue la pena con las condiciones que establecen los artículos 245, 246 y 247.

LIBRO SEGUNDO.

RESPONSABILIDAD CIVIL EN MATERIA CRIMINAL.

CAPITULO I.

Extension y requisitos de la responsabilidad civil.

Art. 290. La responsabilidad civil provenien te de un hecho ú omision contrarios á una ley penal; consiste en la obligacion que el responsa-tiene de hacer:

I. La restitucion:

II. La reparacion:

III. La indemnizacion.

IV. El pago de gastos judiciales.

Art. 291. La restitucion consiste: en la devo lucion así de la cosa usurpada, como de sus fru tos existentes, en los casos en que el usurpador deba restituir éstos con arreglo al derecho civil.

Art. 292. Si la cosa se hallare en poder de un tercero, tendrá éste obligacion de entregarla á su dueño, aunque la haya adquirido con justo tí tulo y buena fé, si no la ha prescrito; pero le que dará á salvo su derecho para reclamar la debida indemnizacion á la persona de quien adquirió la cosa.

Art. 293. La reparacion comprende: el pago de todos los daños causados al ofendido, á su fami- lia ó á un tercero, con violacion de un derecho formal, existente y no simplemente posible; si aquellos son actuales provienen directa é indi- rectamente del hecho ú omision de que se tra- te, ó hay certidumbre de que ésta ó aquel- llos han de causar necesariamente, como una con secuencia próxima é inevitable.

Si el daño consiste en la pérdida ó grave deterioro de alguna cosa, su dueño tendrá derecho al total valor de ella; pero si fuere de poca importancia el deterioro, sólo se le pagará la estimacion de él y se le restituirá la cosa.

Art. 294. La indemnizacion importa: el pago de los perjuicios, esto es, de lo que el ofendido deja de lucrar como consecuencia inmediata y directa de un hecho ú omision, con que se ataca un derecho formal, existente y no simplemente posible, y del valor de los frutos de la cosa usurpada ya consumidos, en los casos en que deban satisfacerse con arreglo al derecho civil.

Art. 295. La condicion que se exige en los dos atículos que preceden, de que los daños y perjuicios sean actuales, no impedirá que la indemnizacion de los posteriores, se exija por una nueva demanda, cuando estén ya causados, si provienen directamente, y como una consecuencia necesaria del mismo hecho ú omision de que resultaron los daños y perjuicios anteriores.

Art. 296. En el pago de gastos judiciales solo se comprenden los absolutamente necesarios, que el ofendido haga para averiguar el hecho ó

la omision que da márgen al juicio criminal, y pa
ra hacer valer sus derechos en este juicio ó en el
civil.

Art. 297. La responsabilidad civil no podrá
declararse sino á instancia de parte legítima. Ex
ceptuándose la restitucion que se decretará de
oficio, siempre que proceda, asi como los gastos
de curacion de lesiones y alimentos de heridos
durante la permanencia de éstos en algun hospi
tal, y que serán siempre á cargo del ofensor.

Art. 298. Los jueces que fallen sobre lá responsabilidad civil, se sujetarán á las prescripcio
nes de este título, en los puntós decididos en
ellas: en los demás se arreglarán, segun fuere
la materia del juicio, á lo que prevengan las leyes civiles ó las de comercio, que estén vigentes
al tiempo en que se verifique el hecho ó la omision que causen la responsabilidad civil.

Art. 299. El derecho á la responsabilidad civil, forma parte de los bienes del finado y se
trasmite á sus herederos y sucesores; á no ser
en el caso del articulo siguiente, ó que nazca de
injuria ó de difamacion y que, pudiendo el ofen-

dido haber hecho en vida su demanda, no lo ve-
rificara ni previniera á sus herederos que lo hicieran, pues entonces se entenderà remitida la
ofensa.

Art. 300. La accion por responsabilidad civil
para demandar los alimentos á un homicida es
personal, y corresponde exclusivamente á las
personas de que habla el final del art. 307, como
directamente perjudicadas. En consecuencia,
esa accion no forma parte de los bienes del finado, ni se extingue aunque éste perdone en vida
la ofensa.

Art. 301. En los casos de estupro ó de violacion de una mujer, no tendrá ésta derecho para
exigir, como reparacion de su honor, que se case con ella ó la dote el que la haya violado ó se-
ducido.

CAPITULO II.

Computacion de la responsabilidad civil.

Art. 302: Los jueces que conozcan en los juicios sobre responsabilidad civil, procurarán que su monto y los términos del pago se fijen por convenio de las partes. A falta de éste, se observará lo que previenen los artículos siguientes.

Art. 803 Cuando se trate de la pérdida ó deterioro de una cosa, de que sea responsable alguna de las personas de que habla la fraccion II del art. 320, por habersele entregado formalmente con arreglo á la parte final de la fraccion III del art. 323, si el que la entregó lo hizo fijando entonces el valor de ella, se tendrá éste como precio legítimo, siempre que se le haya expedido la copia de que habla el art. 325.

Art. 304. Fuera del caso del artículo anterior cuando se reclame el valor de una cosa, se pagará, no el de afeccion, sino el comun que tendria al tiempo en que debiera entregarse á su dueño, sea mayor ó menor que el que tenia antes.

Art. 305. Si la cosa reclamada existe y no ha sufrido grave deterioro; se estimará éste atendiendo, no al valor de afeccion, sino al comun que aquella debiera tener ese deterioro, al tiempo de devolverse á su dueño.

Art. 306. Se exceptúan de lo dispuesto en los dos artículos anteriores en caso en que se pruebe que el responsable se propuso á destruir ó deteriorar la cosa, precisamente por ofender al dueño de ella en esa afeccion. Entonces se valuará la cosa atendiendo al precio estimativo que tenia atendida esa afeccion sin que pueda exceder de una tercia parte más del comun.

Art. 307. La responsabilidad civil que nace de un homicidio ejecutado sin derecho, comprende

el pago de los gastos indispensables para dar se
pultura al cadáver, el de las expensas y gastos
necesarios hechos en la curacion del difunto, de
los daños que el homicida cause en los bienes de
aquel, y de los alimentos, no solo de la viuda,
descendientes ó ascendientes del finado á quienes éste estaba ministrando con obligacion legal
de hacerlo, sino tambien de los descendientes pós
tumos que deje.

Art. 308. La obligacion de ministrar dichos
alimentos durará todo el tiempo que debiera vi
vir, á no haberle dado muerte el homicida y ese
tiempo lo calcularán los jueces con arreglo á la
tabla que va al fin de este capítulo pero teniendo
en consideracion el estado de salud del occiso an
tes de verificarse el homicidio.

Como limitacion de esta regla cesará la obliga
cion de dar alimentos:

I. En cualquier tiempo en que no sean absolu
tamente necesarios para que subsistan los que de
ben percibirlos.

II. Cuando estos contraigan matrimonio.

III. Cuando los hijos varones lleguen á la ma
yor edad.

IV. En cualquier otro caso en que con arreglo á las leyes no debería continuar ministrándoles el occiso si viviera.

Art. 309. Para fijar la cantidad que haya de darse por via de alimentos se tendrán en consideracion los posibles del responsable y las necesidades y circunstancias de las personas que deben recibirla.

Art. 310. En caso de golpes ó heridas de que no quede baldado, lisiado ni deforme el herido tendrá éste derecho á que el heridor le pague todos los gastos de la curacion, los daños que haya sufrido y lo que deje de lucrar mientras á juicio de facultativos, no pueda dedicárse al trabajo de que subsista. Pero es preciso que la imposibilidad de trabajar sea resultado directo de las heridas ó golpes ó de una causa que sea efecto inmediato de éstos ó de aquellas.

Art. 311. Si la imposibilidad de dedicarse el herido á su trabajo habitual fuere perpetua, desde el momento en que el herido sane y buenamente pueda dedicarse á otro trabajo diverso, que sea lucrativo y adecuado á su educacion, hábitos, posicion social y constitucion física, se re-

ducirá á la responsabilidad civil á pagar al herido la cantidad que resulte de ménos entre lo que
pueda ganar en dicho trabajo, y lo que ganaba
diariamente en el que ántes se ocupaba.

Art 312. Si los golpes ó heridas causaren la
pérdida de algun miembro no indispensable para el trabajo, ó el herido ó golpeado quedare de
otro modo baldado, lisiado ó deforme, por esa cir
cunstancia tendrá derecho, no solo á los daños y
perjuicios, sino ademas á la cantidad que como
indemnizacion extraordinaria le señale el juez
atendiendo á la posicion social y sexo de la persona, y á la parte del cuerpo en que quedare li-
siada, baldada ó deforme.

Art. 313. El lucro que deje de tener el herido durante su imposibilidad de trabajar, se computará multiplicando la cantidad que ganaba dia
riamente, por el número de dias que esté impe-
dido.

Art. 314. Lo prevenido en los artículos ante
riores para computar la responsabilidad civil por
heridas ó golpes, se aplicará á todos los demas
casos en que, con violacion de una ley penal, ha
ya alguno causado á otro una enfermedad, ó le
haya puesto en imposibilidad de trabajar.

TABLA DE PROBABILIDAD DE VIDA, SEGUN LA EDAD.

Años de edad.	Años de vida probable.
A 10...corresponden...40,	80
" 15........"........37,	40
" 20........" 34,	26
" 25........"... 31,	34
" 30... ... .. "..........28,	52
" 35........"..........25,	72
" 40........"... 22,	89
" 45........"..........20,	05
" 50... ....."..........17,	23
" 55........"..........14,	51

    " 60.........."............11, 05
    " 65.........."............09, 63
    " 70.........."............07, 58
    " 75......."...........~05, 87
    " 80.........."............04, 60
    " 85.........."...........02, 00

CAPITULO III.

Personas civilmente responsables.

Art. 315. A nadie se puede declarar civilmen
te responsable de un hecho ú omision contrarios
á una ley penal, si no se prueba: que se usurpó
una cosa ajena: que sin derecho causó por sí mismo ó por medio de otro, daños ó perjuicios al de
mandante; ó que, pudiendo impedirlos el respon
sable, se causaron por persona que estaba bajo
su autoridad.

Art. 316. Siempre que se verifique alguna de
condiciones del artículo anterior, incurrirá el
nandado en responsabilidad civil, sea que se

le absuelva de toda responsabilidad criminal ó que se le condene.

En esta regla están comprendidos no solamen te los reos principales de un duelo, si éste se ve- rifica y resultan heridas ú homicidio, sino tam- bien los padrinos ó testigos; pero no los médicos ni los cirujanos que con el carácter de tales asis ten al combate.

Art. 317. Se exceptúan de lo prevenido en la primera parte del artículo que precede, los que infrinjan el artículo primero de este Código, los cuales no incurren en responsabilidad civil.

Art. 318. Con arreglo á los arts. 315 y 316, tienen responsabilidad civil y no criminal, por he chos ú omisiones ajenos:

I. El padre, la madre y los demás ascendien- tes, por los descendientes que se hallen bajo su patria potestad, en su compañía y á su inmedia- to cuidado; exceptuando los casos que, por los hechos ú omisiones de éstos, sean responsables sus maestros, los directores de escuelas de artes ú oficios en que estén recibiendo instruccion, ó los amos que los tengan á su servicio, con arreglo á la fraccion III de este artículo, al 319 y 320.

II. Los tutores por los hechos ú omisiones de los locos ó menores que se hallen bajo su autoridad y vivan con ellos; pero haciéndose respecto de los menores, las excepciones mencionadas en la fraccion que precede.

III. Los maestros ó directores de escuelas, ó de talleres de artes ú oficios, que reciben en sus establecimientos discípulos ó aprendices menores de diez y ocho años, respondrán por éstos, siempre que sus hechos ú omisiones se verifiquen durante el tiempo que se hallen bajo el cuidado de aquellos.

Las tres fracciones que preceden tienen la limitacion que expresa el art. 322.

IV. El marido será responsable por su mujer, únicamente cuando el demandante pruebe dos cosas.

1ª Que el marido tuvo prévio conocimiento de que su mujer había resuelto cometer el delito de que se trate, ó que la vió cometerlo.

2ª Que tuvo posibilidad actual de impedirlo, ó que sino la tuvo, provino de culpa suya.

Art. 319. Para que con arreglo á los artículos 315 y 316 sean responsables los amos por sus dependientes y criados es condición precisa: que los hechos ú omisiones de estos que dan lugar á la responsabilidad, se verifiquen en el servicio á que han sido destinados.

Art. 320. Con la condicion del artículo anterior son responsables:

1. Los miembros de una sociedad por los hechos ú omisiones de los socios gerentes de ella, en los mismos términos que, conforme al derecho civil ó al mercantil, sean responsables por las demas obligaciones que los segundos contraigan.

Se exceptua de esta regla á la mujer casada; pues ésta, tenga ó no sociedad legal ó comunion de bienes, no es responsable civilmente por los delitos del marido.

II. Los dueños de diligencias, coches carros ú otros carruajes de cualquiera especie, sean para su uso ó para alquilarlos: los dueños ó encargados de récuas: las compañías de caminos de fierro: los administradores y asentistas de postes: los dueños de canoas, botes y barcas; los dueños y los encargados de ventas, mesones, posadas ó de cualquiera otra casa destinada; en todo ó en parte á recibir constantemente huéspedes por paga; y los dueños ó encargados de cafés, fondas, baños y pensiones de caballos, por los hechos ú omisiones de sus dependientes ó criados.

Esa responsabilidad y la de que hablan los dos artículos precedentes, se entiende bajo las reglas que expresan los artículos que siguen.

III. El Estado por sus funcionarios publicos empleados y dependientes; pero su obligacion es subsidaria y se cubrirá del fondo de indemnizaciones,

IV. Los ayuntamientos con sus fondos en los mismos términos que el Estado, por sus empleados y dependientes si concurren estos requisitos, que dichos empleados ó dependientes hayan causado el daño ó perjuicio en el desempeño de su empleo ó destino: que estén nombrados y pagados por los ayuntamientos y que se hallen bajo las órdenes de dichas corporaciones y puedan ser movidos por ellas.

Art. 321. La responsabilidad civil de las personas de que hablan los artículos anteriores, no

libra á aquellos por quienes la contraen, y el per
judicado podrá exijirla en los términos que se di
ce en los arts 338 á 343.

Se exceptúa de esta regla el caso en que el
que cause el daño obre á nombre y por órden de
otro, ejecutando de buena fe un hecho que no sea
criminal en sí, y con ignorancia excusable de las
circunstancias que lo constituyen delito. Enton
ces no es responsable el agente para con el per
judicado ni para con la persona en cuyo nombre
obre.

Art. 322. En los casos de que hablan las fracs
1ª, 2ª y 3ª del art 318, los padres, tutores, cura
dores, maestros y directores de escuelas ó talleres, no serán responsables cuando acrediten que
no tuvieron culpa ni pudieron impedir el hecho
ó la omision de que nace la responsabilidad.

Para calificar si hubo culpa se tendrán en cuen
ta las circunstancias del hecho ó de la omision,
las de las personas mencionadas en este artículo
y las de aquellas por quienes responden.

Art. 323. Los dueños y encargados de ventas,
mesones, posadas ó de cualquiera otra casa desti
nada, en todo ó en parte á recibir constantemen

te huéspedes por paga, no incurren en responsabilidad civil en los casos siguientes:

I. Cuando acrediten que el daño provino de en so fortuito, ó que sin culpa suya ó de sus dependientes ó criados se causó á mano armada ó por otra fuerza mayor que no pudieron resistir.

II. Cuando se trate de efectos que se queden fuera del establecimiento.

III. Cuando se trate de dinero, alhajas preciosas, billetes de banco ú otros valores que el pasajero lleve consigo y que no sean de los que prudentemente deban formar su equipaje de camino ni sean necesarios para sus gastos, atendida su posicion social, el objeto del viaje y demás circunstancias, á no ser que haya entrega material y pormenorizada de esos valores para su custodia, al encargado del establecimiento y que éste les pida copia del asiento de que habla el art 825.

IV. Cuando el daño se cause á un pasajero, por otro pasajero ó por persona que no sea del servicio del establecimiento, y no tuviere culpa el encargado de éste, ni sus dependientes ó criados, ó si la hubiere de parte del que sufrió el percio.

Art. 324. Las personas que en los mesones, posadas ó casas de huéspedes, vivan de pié y no como pasajeros, se sujetarán á lo prevenido en la fraccion 3ª del artículo que precede, con la so la limitacion de que, respecto del numerario podrán tener en sus aposentos la cantidad que les sea absolutamente necesaria para los gastos de un mes.

Art. 325. En las ventas, mesones, posadas y casas de huéspedes; deberá llevarse un libro de registro en que se asiente: el dinero, valores, alhajas y demas efectos que se entreguen para su custodia á los encargados de dichos establecimientos, con expresion del valor que les fijen sus dueños, si estos quisieren fijarlo. Si lo hicie ren así y estuvieren conformes aquellos, se expresará esto en el asiento y responderán por dicho precio; pero en caso de disconformidad sobre él, ó de que no se fije, la responsabilidad se rá sobre el precio que despues señale el juez, oyendo el juicio de peritos.

Del asiento susodicho se dará copia al dueño de los objetos depositados.

Art. 326 Lo dispuesto en las fracciones 1ª:

3ª y 4ª del artículo 323 y en el que precede, es aplicable á todos los empresarios de trasportes de que habla la fraccion 2ª del artículo 320.

La obligacion de llevar el libro de registro de que habla el artículo 325, no comprende á los dueños de coches de alquiler para adentro de las ciudades; mas no por esto se librarán de la responsabilidad civil en que incurran.

Art. 327. Solo son responsables de los gastos aquellos contra quienes se haya seguido un juicio criminal ó el de responsabilidad civil, si han sido condenados por la misma sentencia irrevocable, y entónces se observarán las reglas siguientes:

I. Si todos fueren condenados por el mismo delito, todos serán solidariamente responsables de los gastos.

II. Si ademas del delito comun á todos, alguno fuere condenado tambien por otro delito diverso, los gastos que por estos se causen serán á cargo de aquel.

Art. 328. El que por título lucrativo y de una fé, participe de los efectos ó productos de un delito ó falta, estará obligado al resarcimiento de daños y perjuicios, solo hasta donde alcance el valor de lo que hubiere percibido.

Art. 329. Cuando se causen á alguno daños ó perjuicios en sus bienes, por evitarlos en los bienes de otros, estos serán civilmente responsables á prorata, á juicio del juez, en proporcion al daño de que cada cual se libre.

Si no se evitare el mal, la responsabilidad será solamente del que mandó ejecutar, ó ejecutó en nompre propio los daños y perjuicios.

Art. 330. Cuando se cause un daño por librar de otro á una comarca ó á una poblacion entera, la poblacione o poblaciònes que se libraren del daño, indemnizaráu el causado, en los términos que establece el Código civil.

Pero si no se lograse evítar el mal, la indemnizacion se satisfará de los fondos de la municipalidad ó del erario, si no hubo culpa ni torpeza por parte del que ejecutó ó mandó ejecutar el daño.

Art. 331. Del daño y los perjuicios que cause un animal ó una cosa, es responsable la persona que se esté sirviendo de aquel ó de ésta al cau-

sarse el daño; á menos que acredite no haber te
nido culpa alguna.

El perjudicado podrá retener el animal que
le ocasionó el daño, ocurriendo desde luego á
la autoridad competente en demada de la indem
nizacion.

Art. 332. Cuando el acusado de oficio sea
absuelto no por falta de pruebas, sino por haber justificado su completa inocencia en el delito que se le acusó, y no haya dado con su anterior conducta motivo para creerlo culpable, se
declarará así de oficio en la sentencia definitiva;
y si el acusado lo pidiere, se fijará en ella el mon
to de los daños y perjuicios que se le hayan cau
sado con el proceso oyendo previamente al representante del Minisierio público. En este caso la responsabilidad civil se cubrirá del fondo
comun de indemnizaciones, si con arreglo al art.
339, no resultaren responsables los jueces, ó estos no tuvieren con que satisfacerla.

Art. 333. Igual derecho tendrá el acusado
absuelto contra el quejoso ó contra el que denun
pero con sujecion á las reglas siguientes:

I. Tendrá derecho á los gastos del juicio criminal, solo cuando el quejoso ó denunciante se constituyan parte en el proceso, ó cuando aunque no se hayan constituido parte, su queja ó su denuncia sean calumniosas ó temerarias.

II. Los gastos que le haya causado la demanda de responsabilidad civil, si en ella obtiene, se los satisfará el quejoso ó el denunciante.

III. De los daños y perjuicios le indemnizarán el quejoso ó el denunciante, únicamente en el caso de que la queja ó la denuncia sean calumniosas ó temerarias.

Art. 334. El monto de los gastos judiciales se fijará precisamente en la sentencia que condene á su pago.

Art. 335. Lo prevenido en el art. 333 comprende á los funcionarios públicos que, en desempeño de su oficio, hagan temeraria ó calumniosamente una acusacion ó denuncia, ó den aviso de un delito.

Art. 336. Los jueces y cualquiera otra autoridad, empleado ó funcionario público, serán responsables civilmente: por las detenciones arbitrarias que hagan, mandando aprehender al que no deban; por retener á alguno en la prision mas tiempo del que laley permite: pero los perjuicios que causen por su impericia ó con su morosidad en el despacho de los negocios; y por cualquiera otra falta ó delito que cometan en el ejercicio de sus funciones, causando daños ó perjuicios á otros.

Art. 337. Muerto el responsable, se trasmitirá á sus herederos la obligacion de cubrir la responsabilidad civil, hasta donde alcancen los bienes que hereden, los cuales pasarán á ellos con ese gravámen.

CAPITULO I V.

Division de la responsabilidad civil entre los responsables.

Art. 338. Cuando varias personas sean conde
nadas por el mismo hecho ú omision, todas y ca
da una de ellas estarán obligadas por el monto
total de la responsabilidad civil, y el demandan
te podrá exigirla de todos mancomunadamente,
ó de quien más le convenga. Pero si no deman-
dare á todos, podrá los que pagaren, repetir de
los otros la parte que éstos deban satisfacer, con
arreglo al artículo siguiente.

Art. 339. Al condenar á varias personas a

pago de la responsabilidad civil, si la ley no señalare la cuota de cada responsable, la fijarán los jueces de lo criminal en proporcion á las penas que impongan, y los de lo civil en proporcion á las impuestas por aquellos.

Si no se debiera aplicar ninguna pena porque se declare que los autores del hecho ú omision no cometieron delito ni falta alguna, y sin embargo incurrieron en responsabilidad civil, se dividirá ésta á prorata entre los responsables.

Art. 340. Lo dicho en el art. 339 se entiende sin perjuicio de lo prevenido en el 338, y solo para el efecto de que cuando un responsable pague más de su cuota, pueda repetir el exceso de los otros responsables.

Art. 341. Cuando se trate de la restitucion, solo podrá demandarse á aquel en cuyo poder se halle la cosa ó sus frutos; pero si éste no fuere el usurpador, tendrá el recurso de que habla el art. 292.

Art. 342. Lo prevenido en el art. 338 no comprende á los encubridores, sino en cuanto á los años y perjuicios que resulten en razon de los objetos que encubran, y no de los otros robados por el autor directo del delito.

Art. 343. No están comprendidos en los artículos 338 y 339, los que, por ser menores, ó por enagenacion mental, se hallen bajo la patria potestad ó tutela, ni los amos; pues respecto de todos ellos se observarán las reglas siguientes:

I. Los que se hallen privados de la razon, y los menores que obren sin discernimiento, solo serán responsables cuando á las personas que los tienen á su cargo, no les resulte responsabilidad civil, ó no tengan bienes con que cubrirla.

Pero si no se hallaren en tutela ni bajo la patria potestad, ellos serán los únicos responsables.

II. Cuando el menor obrare con discernimiento, no tendrá derecho á repetir de su tutor ni éste de aquel, sino la mitad del monto de la responsabilidad, si uno solo pagare el total de ella.

III. Cuando los dependientes y criados obren contra las órdenes de sus amos, ó sin cumplirlas exactamente, podrán los segundos repetir de los primeros todo lo que pagaren de daños y perjuicios.

Pero si los daños ó los perjuicios se causaren como consecuencia necesaria de las órdenes de los amos, y los dependientes ó criados obraren de buena fé, ejecutando un hecho que no es criminal en si, y con ignorancia de las circunstancias que lo convierten en delito, no incurrirán en responsabilidad civil para con el perjudicado, ni su amo podrá repetir de ellos lo que pague.

CAPITULO V.

Modo de hacer efectiva la responsabilidad civil.

Art. 344. Siempre que el responsable tenga bienes, se hará efectiva en ellos la responsabilidad, hasta donde alcancen, exceptuando el fondo de reserva de que habla el art. 83, los objetos mencionados en el art. 119, y todos los demás cuyo embargo esté prohibido por las leyes.

Art. 345. Lo prevenido en el artículo anterior, se entenderá sin perjuicio del beneficio de competencia que se concede á los locos y á los menores y sordo-mudos que obren sin discernimiento.

Art. 346. Si los bienes del responsable no al
canzaren á cubrir su responsabilidad, se tomará
lo que falte del 50 por ciento destinado para este objeto en la fraccion 2ª del artículo 83.

Si todavía faltare para cubrir la responsabilidad, y el reo hubiere cumplido ya su condena,
se le obligará á dar, hasta el total pago de aquella, las mensualidades que á juicio del juez pueda satisfacer, despues de cubiertos sus alimentos necesarios y los de su familia.

Art. 347. No obstante lo prevenido en el artículo anterior, cuando en adelante adquiera el
responsable bienes en que pueda hacer efectiva
la responsabilidad, tendrá derecho el perjudicado
á que se le pague, de una vez, el total de lo que
se le adeude.

Art. 348. Cuando los condenados á la restitucion, á la reparacion, á la indemnizacion, al
pago de gastos judiciales y multa, no tuvieren
bienes bastantes para cubrir todas esas respon
sabilidades, se dará preferencia á las unas sobre
las otras, en el órden en que se han enumerado
en este artículo.

Art. 349. Todo lo que, cubierta la responsabi

lidad civil de un reo sobre del 50 por ciento que se le rebaje para este objeto, se aplicará al fondo comun de indemnizaciones.

Este se formará con dichos sobrantes y con la tercia parte de todas las multas destinadas á este objeto en la primera parte del art 120.

Art. 350. El Código de procedimientos dispondrá lo relativo á la administracion tanto del fondo comun de indemnizaciones como del 50 por ciento destinado para hacer las particulares de los reos y los términos y forma de hacer los pagos.

CAPITULO VI.

Extincion de la responsabilidad civil y de las acciones para demandarla.

Art. 351. Las diversas acciones con que se puede demandar la responsabilidad civil ó pedir la ejecucion de la sentencia irrevocable en que se declare incurso en dicha responsabilidad al reo, se extinguirán dentro de los términos y por los medios establecidos en el Código Civil ó en el de Comercio segun fuere la naturaleza de aquellas y la materia de que se trate.

Esta regla tiene las limitaciones contenidas en los artículos que siguen.

Art. 352. La amnistía no exinguirá la respon sabilidad civil ni las acciones para exigirla, ni los derechos legítimos que haya adquirido un tercero.

Sin embargo, cuando la respnsabilidad no se haya hecho efectiva todavia, y se trate, no de res titucion sino de reparacion de daños, de indemni zacion de perjuicios ó de pago de gastos judicia les, quedará el reo libre de esas obligaciones solo cuando así se declare en la amnistia y se dejen expresamente á eargo del erario.

Art. 353. El indulto en ningun caso extingui rá la responsabilidad civil ni las acciones para exi girla ni los derechos legítimos que haya adquiri do un tercero.

Art. 354. La prescripcion se interrumpirá por el procedimiento criminal hasta que se pronun cie sentencia irrevocable.

Dictada ésta comenzará á correr de nuevo el término de aquella.

Art. 355. La compensacion extinguirá el de recho á la responsabilidad civil, excepto el caso en que existiendo la cosa usurpada en poder del responsable se le demande la restitucion de ella.

LIBRO TERCERO.

De los delitos en particular.

TITULO I.

DELITOS CONTRA LA PROPIEDAD.

CAPITULO I.

Robo--Reglas generales.

Art. 356. Comete el delito de robo: el que se apodera de una cosa ajena mueble sin derecho y sin consentimiento de la persona que puede dispo — de ella con arreglo á la ley.

Art. 357. Se equiparan al robo la destruc

cion y la sustraccion fraudulentas de una cosa mueble, ejecutadas por el dueño, si la cosa se ha ya en poder de otro á título de prenda, ó de depósito decretado por una autoridad, ó hecho con su intervencion.

Art. 858. Para la imposicion de la pena se dá por consumado el robo, al momento en que el ladron tiene en sus manos la cosa robada; aun cuando lo desapodere de ella ántes de que la lleve á otra parte ó la abandone.

Art. 359. Siempre que el robo sea de una cosa estimable en dinero, y cuyo valor pase de cien pesos, ademas de las penas corporales de que hablan los dos capítulos siguientes, sin que obste el art. 111, se impondrá una multa igual á la cuarta parte del valor de lo robado, pero sin que en ningun caso pueda exceder la multa de mil pesos.

Esta regla no es aplicable al caso en que se imponga la pena capital, por prohibirlo el artículo 202.

Art. 360. En todo caso de robo en que deba aplicarse una pena más grave que la de arresto mayor, ademas de ella se impondra al reo la de inhabilitacion para toda clase de honores, cargos y empleos públicos; y si el juez lo creyere justo, podrá suspenderlo desde uno hasta sies años en ejercicio de los derechos de que habla el artículo 144 á excepcion del de administrar sus bienes.

Art. 361. El robo cometido por un cónyuge contra el otro, si no estan divorciados, por un ascendiente contra un ascendiente suyo, ó por éste contra aquel, no produce responsabildad criminal contra dichas personas.

Pero si procediere, acompañare ó se siguiere al robo algun otro hecho calificado de delito, se les impondrá la pena que para este señale la ley.

Art. 362. Si además de las personas de que habla el artículo anterior, tuviere participio en el robo alguna otra, no aprovechará á esta la exension de aquellas; pero para castigarla se necesita que lo pida el otendido.

Art. 363. El robo cometido por un suegro tra su yerno ó su nuera, por éstos contra el, por un padrastro contra su hijastro, ó viceversa, ó por un hermano contra su hermano, produce responsabilidad criminal; pero no se podrá proceder contra el delincuente ni contra sus cómplices, sino á peticion del agraviado.

CAPITULO II.

Robo sin violencia.

Art. 364. Fuera de los casos especificados en este capítulo, el robo sin violencia á las personas, se castigará con las penas siguientes:

I. Si el válor de la cosa robada no excediere de cinco pesos, se impondrá por toda pena, una multa igual al valor triple de lo robado, ó el arresto correspondiente á la multa.

II. Si el valor de la cosa robada excediere de cinco pesos sin llegar á cincuenta, se castigará con arresto menor.

- III. Si llegare á cincuenta, pero no á cien, se castigará con arresto mayor.

IV. Si el valor de lo robado fuere de cien á quinientos pesos, la pena será de un año de prision.

V. Si pasare de quinientos, pero no de mil, la pena será de dos años de prision.

VI. Si pasare de dos mil, por cada cien de exceso se aumentará un mes de prision á los dos años de que habla la fraccion anterior, sin que el término medio pueda exceder de cuatro años.

Art. 365. Para estimar la cuantia del robo, se atenderá únicamente al valor intrínseco de la cosa. Si ésta no fuere estimable en dinero, se atenderá para la imposicion de la pena, al daño y perjuicios causados directa é indirectamente con el robo.

Art 366. La pena que corresponda con arreglo á los dos artículos que preceden, se reducirá á la mitad en los casos siguientes:

I. Cuando se restituya lo robado y se paguen los daños y perjuicios, antes de que se pronuncie sentencia contra el delincuente.

Pero quedará éste exento de toda pena cuando el valor de lo robado no pase de veinticinco pesos, lo restituya expontáneamente y pague todos los daños y perjuicios, antes de que la autoridad tome conocimiento del delito.

II. Cuando el que halle en lugar público una cosa que tiene dueño sin saber quien sea éste, se apodere de ella ó no la presente á la autoridad correspondiente, dentro del término señalado en el Código Civil; ó si antes de que dicho término espire, se la reclamare el que tenga derecho de hacerlo y la negare tenerla.

III. Cuando el que halle en lugar público alguna cosa que no tiene dueño, no la presente á la autoridad de que habla la freccion anterior.

Art. 867. La autoridad que, en los casos especificados en las fracciones 2ª y 3ª del artículo anterior, reciba la cosa y no practique las diligencias prevenidas en el Código Civil para este caso, sufrirá una multa igual al valor de la cosa. Pero si la tuviere en su poder y no la entregare á su tiempo á quien corresponda, será castigado con la pena señalada en este Código contra los que cometan abuso de confianza.

Art. 368. En los casos de que hablan los artí culos siguientes, se formará el término medio de la pena del robo, agregando á la que cada uno de dichos articulos señala, la que corresponda por la cuantia del robo ó del daño causado, si excediere de cien pesos; pero sin que el término medio de las dos penas reunidas pueda pasar de diez años de prision.

Si la cuantía del robo ó del daño no llegare á cien pesos, se castigará el delito con arreglo á los artículos 364, 365 y 366, considerándolo con circunstancia agravante de cuarta clase.

Art. 369. Se impondrá la pena de un año de prision:

I. Cuando el robo se cometa despojando á un cadáver de sus vestidos ó alhajas, ó aprovechándose de cosas pertenecientes á establecimientos públicos, si el ladron tubiere ó debiere tener conocimiento de esta última circunstancia.

II. Si el robo se cometiere en campo abierto apoderándose de una ó más béstias de carga, de tiro ó de silla, ó de una ó más cabezas de gana-o, sea de la clase que fuere, ó de algun instru-ento de labranza.

III. El simple robo de uno ó más durmientes, rieles, clavos, tornillos ó planchas que los sujetan, ó de un cambia-via de camino de fierro de uso público, en el tramo que quede dentro de una poblacion.

Si á consecuencia de esto resultare un daño de alguna importancia, la pena será de cuatro años.

IV. El robo de alambre, de una máquina ó de alguna de sus piezas, ó de uno ó más postes empleados en el servicio de un telégrafo, que pertenezcan á particulares, ó al Estado.

V. Todo robo de cosas que se hallen bajo la salvaguardia de la fé pública.

Art. 370. El robo de unos autos civiles, ó de algun documento de protocolo, oficina ó archivo públicos, ó que contenga obligacion, liberacion ó trasmision de derechos, se castigará con la pena de dos años de prision.

El robo de una causa criminal, se castigará con la pena de dos á cuatro;

Art. 371. La pena será de dos años de prision en los casos siguientes:

I. Cuando cometa el robo un dependiente, ó

un doméstico, contra su amo ó contra alguno de la familia de éste, en cualquiera parte que lo cometa; pero si lo ejecutare contra cualquiera otra persona, se necesitará que sea en la casa del amo.

Por domésticos se entiende, el individuo que por un salario, por la sola comida ú otro estipendio ó por ciertos gajes ó emolumentos sirve á otro aunque no viva en la casa de éste.

II. Cuando un huésped ó comensal ó alguno de su familia ó de sus criados que le acompañen lo cometan en la casa donde reciben hospitalidad, obsequio ó agasajo.

III. Cuando lo cometa el dueño ó alguno de su familia, en la casa del primero contra sus dependientes ó domésticos ó contra cualquiera otra persona.

IV. Cuando lo cometan los dueños, sus dependientes ó criados ó los encargados de postas, récuas, coches, carros ú otros carruajes de alquiler de cualquiera especie que sean de canoas ó botes, de mesones, posadas ó casas destinadas en todo ó en parte á recibir constantemente huéspedes por paga y de baños, pensiones de caballos y caminos de fierro siempre que con el carácter in dicado ejécuten el robo las personas susodichas en equipaje de los pasajeros.

V. Cuando se cometa por los operarios, arte-sanos, aprendices ó discípulos en la casa, taller ó escula en que habitualmente trabajen ó apren dan ó en la habitacion, oficina, bodega, mina ó hacienda de beneficio ú otro lugar á que tenga ll bre entrada por el carácter indicado.

Art. 372. El robo cometido en paraje solita·rio se castigará con dos años de prision.

Llámase paraje solitario no solo el que está en despoblado, sino también el que se haya dentro de una poblacion, si por la hora ó por cualquiera otra circunstancia no encuentre el robado á quien pedir socorro.

Art. 273. Se castigará con dos años de pri-sion el robo cometido en un parque ú otro lugar cerrado ó en un edificio ó pieza que no estén ha bitados ni destinados para habitarse.

Lámase parque ó lugar cerrado todo terreno que no tiene comunicacion con un edificio ni es tá dentro del recinto de éste, y que para impedir la entrada se halla rodeado de fosos, de enrreja dos, tapias ó cercas aunque éstas sean de piedra suelta, de madera, arbustos, magueyes, órganos, espinos, ramas secas ó de cualquiera otra materia.

Art. 374. Se castigará con cinco años de pri sion el robo en un edificio, vivienda, aposento ó cuarto que estén habitados ó destinados para ha bitacion ó en sus dependencias.

Art. 375. Bajo el nombre de edificio, vivien da, aposento ó cuarto destinado para habitacion se comprende no solo los que están fijos en la tie rra, sino también los movibles sea cual fuere la materia de que estén construidos.

Art. 376. Llámanse dependencias de un edi ficio: los patios, corrales, caballerizas, cuadras y jardines que tengan comunicacion con la finca, aunque no estén dentro de los muros exteriores de ésta, y cualquiera otra obra que esté dentro de ellos, aun cuando tenga su recinto particular.

Art. 877. La pena será de seis años de pri sion: cuando el robo se cometa aprovechándose le la consternacion que una desgracia privada

causa al ofendido ó á su familia; ó cuando se co
meta durante un incendio, terremoto ú otra calamidad pública, aprovechándose del desórden
ó confusion que aquella produce.

Art. 378. El robo en camino público, excep-
tuándo los casos de que habla el artículo siguiente al fin y el 380, se castigará con tres
años de prision.

Art. 379. La pena será de tres años, por el
simple robo de uno ó mas durmientes, rieles,
clavos, tornillos, ó planchas que lo sujeten, ó de
un cambia-vía de un camino de fierro de uso público, si no se causare daño de alguna importancia. Si se causare, se podrán imponer hasta seis
años.

Art. 380. Se aplicara la misma pena de seis
años de prision: cuando para detener los wagones de un camino público y robar á los pasaje
ros, ó la carga que en aquellos se quiten ó des
truyan los objetos de que habla el artículo que
precede, se ponga algun estorbo en la via ó se
emplee cualquier otro medio adecuado, aunque
no se consume el robo, ni suceda desgracia alguna.

Si resultare muerte ó una lesion que produzca imposibilidad perpetua de trabajar, ó que sea de las expresadas en los artículos 522 y 523, la pena será la capital. Si la lesion fuere de menos importancia, la pena será de diez años.

Art. 381. Se llaman caminos públicos: los destinados para uso público, aun cuando pertenezan en propiedad á un particular sean ó no de fierro, y tengan las dimensiones que tuvieren; pero no se comprenden bajo esa determinacion los tramos que se hallen dentro de las poblaciones.

Art. 382. En todos los casos comprendidos en los artículos 360 á 381, en que se imponga la pena de muerte, se aumentará un año de prision á la pena que ellos señalan, si solo mediare alguna de las circunstancias siguientes:

I. Ser los ladrones dos ó mas.

II. Ejecutar el robo de noche.

III. Llevando armas.

IV. Con fractura, horadacion ó excavacion interiores ó exteriores, ó con llaves falsas.

V. Con escalamiento.

CODL. GTO.—17

VI. Fingiéndose el ladron funcionario público, ó suponiendo una órden de alguna autoridad.

Pero si mediare mas de una de estas circunstancias, por cada una de las otras, se aumentarán cuatro meses de prision al año mencionado.

Art. 383. La fractura consiste: en demoler ó
destruir el todo ó parte de la cerca de un parque
ó lugar cerrado, de un muro exterior ó interior,
ó del techo de un edificio cualquiera, ó de sus de
pendencias; en forzar estas ó aquellas, ó un saco,
maleta, armario, caja ó cualquiera otro mueble
cerrado.

Se tendrá tambien como fractura: el hecho de
llevarse cerrado, el ladron alguno de los muebles susodichos.

Art. 384. Se dice que hay escalamiento: cuan
do alguno se introduce á un edificio, á sus depen
dencias, ó á un lugar cerrado, entrando por el
techo, por una ventana, ó por cualquiera otra
parte que no sea la puerta de entrada.

CAPÍTULO III.

Robo con violencia á las personas.

Art. 385. La violencia en las personas se distingue en física y moral.

Se entiende por violencia física en el robo, la fuerza material que para cometerlo se hace á una persona.

Hay violencia moral: cuando el ladron amaga ó amenaza á una persona, con un mal grave, presente ó inmediato, capaz de intimidarla.

Art. 386. Para la imposicion de la pena se tendrá el robo como hecho con violencia.

I. Cuando ésta se haga á una persona distinde la robada que se halle en compañía de ella

II. Cuando el ladron la ejerciere despues de consumado el robo, para proporcionarse la fuga ó defender lo robado.

Art. 387. En todos los casos no expresados en este capítulo, en que se ejecute un robo con violencia, se formará el término medio de la pena, agregando dos años de prision á la que corresponda al delito, con arreglo á lo dispuesto en el capítulo anterior, sin que dicho término pueda exceder de diez años. Pero si resultare mayor, los jueces tomarán en consideracion la violencia como circunstancia agravante de cuarta clase.

Art. 388. Lo prevenido en el artículo anterior, no comprende el caso en que la violencia constituya por sí sola un delito que tenga señalada una pena mayor que la designada en dicho artículo; pues entonces se obrará con arreglo á los artículos 194 á 203.

Art. 389. El robo cometido por una cuadrilla de ladrones atacando una poblacion, se castigará con la pena de diez años de prision, si el robo se consuma; teniéndose entonces como circunstancia agravante de cuarta clase, el ser dos ó más las casas saqueadas.

Si no se verificare el robo porque fueren rechazados los ladrones, se les castigará con arreglo á los artículos 191 y 192.

Art. 390. Siempre que se ejecute un homicidio, se infiera una herida, ó se cause alguna otra lesion como medio de perpetrar un robo, ó al tiempo de cometerlo, ó para defender despues lo robado, procurase la fuga el delincuente, ó impedir su aprehension, se aplicarán las reglas de acumulacien.

Art. 391. Se impondrá la pena capital: cuando el robo se ejecute en camino público y se cometa homicidio, se viole á una persona, se le dé tormento, ó por otro medio se le haga violencia que le cause una lesion de la que resulte imposibilidad perpetua de trabajar, ó que sea de las que mencionan los artículos 522 y 523, sea cual fuere el número de los ladrones, y aunque vayan desarmados.

Si la violencia produjere una lesion menor que las expresadas, la pena será de diez años de prision.

CAPITULO IV.

Abuso de confianza.

Art. 392. Hay abuso de confianza: siempre que para cometer un delito se vale el delincuente de un medio, ó aprovecha una ocasion que no tendría sin la confianza que en él se ha deposita do, y que no procuró grangearse con ese fin.

Art. 393. El abuso de confianza constituye un delito especial que lleva ese nombre, y se come te en los casos expresados en el articulo siguiente. En cualquiera otro, solo se tendrá el carác- ter de circunstancia agravante.

Art. 394. El que fraudulentamente y con pr

juicio de otro, disponga en todo ó en parte de una cantidad de dinero en numerario, en billetes de banco ó en papel moneda. de un documento que importe obligacion, liberacion ó trasmision de derechos, ó de cualquiera otra cosa ajena mueble que haya recibido en virtud de un contrato que no le trasfiera el dominio, sufrirá la misma pena que, atendidas las circunstancias del caso y las del delincuente, se le impondría si hubiera cometido en dichas cosas un robo sin violencia.

Art. 395. Se equipara al abuso de confianza y se castigará con la pena señalada en el articulo anterior, el hecho de destruir una cosa ó de disponer de ella su dueño, si le ha sido embargada y la tiene en su poder con el carácter de depositario judicial.

Art. 396. No se castigará como abuso de confianza:

I. El hecho de apropiarse, ó distraer de su objeto un funcionario público, los caudales ó cualquiera otra cosa que tenga á su cargo; pues entonces comete un verdadero peculado, y se le aplicará la pena de este delito.

II. La simple retencion de la cosa recibida por alguno de los contratos de que habla el art. 394, cuando la retencion no se haga con el fin de apropiarse la cosa ó de disponer de ella como dueño; pues el que lo sea, solo tendrá entónces la accion civil que nazca de la falta de cumplimiento del contrato.

III. El hecho de disponer alguno, de buena fé, de una cantidad de dinero en numerario, ó en valores al portador, que haya recibido en confianza, si lo hace en los casos en que el derecho civil lo permite, y paga cuando se le reclama, ó acredita plenamente que se haya insolvente por acontecimientos imprevistos, posteriores al hecho de que se trate.

Art. 897. A la pena que corresponda con arreglo al art. 394, se agregará:

I. La de quedar suspenso el delincuente en el ejercicio de su profesion desde dos meses hasta un año si cometiere el abuso de confianza en cosas que hubiere recibido con el carácter de abogado, de escribano actuario ó notario, procurador, agente de negocios ó corredor.

II. La destitucion de cargo si cometiere el abu

so un tutor, un ejecutor testamentario ó albacea un depositario judicial, un síndico ó administrador de un concurso ó de un intestado en cosas que les hayan confiado con ese carácter.

Art. 398. Cuando un conductor de efectos cometa el abuso de confianza adulterándolos fraudulentamente ó mezclándoles otra sustancia se le impondrá la pena que corresponderia á un robo sin violencia, atendiendo al perjuicio causado al dueño de los efectos si las sustancias empleadas en la adulteracion ó mezcla no fueren dañosas.

Cuando lo sean se tendrá esta circunstancia como agravante de cuarta clase, á no ser que la adulteracion cause la muerte ó alguna enfermedad á una ó más personas sin voluntad del delincuente, pues en este caso se aplicará lo prevenido en el art 552.

Art. 399. Son aplicables al abuso de confianza los arts 361, 362 y 363.

CAPITULO V.

Fraudé contra la propiedad.

Art. 400. Hay fraude siempre que engañando á uno ó aprovechándose del error en que éste se haya se hace otro ilícitamente de alguna cosa ó alcanza un lucro indebido con perjuicio de aquel.

Art. 401. El fraude toma el nombre de estafa cuando el que quiere hacerse de una cantidad de dinero en numerario, en papel moneda ó billetes

de banco de un documento que importa obligacion, liberacion ó trasmision de derechos ó de
cualquiera otra cosa ajena mueble, logra que se
le entreguen por medio de maquinaciones ó arti
ficios que no constituyan un delito de falsedad.

Art. 402. El estafador sufrirá la misma pena
que, atendidas sus circunstancias y las del caso
se le impondria si hubiera cometido un robo sin
violencia.

Art. 403. También se impondrá la pena del
robo sin violencia en los mismos términos que di
ce el artículo anterior:

I. Al que por título oneroso dé una moneda ó
enajene una cosa como si fueran de oro ó de pla
ta sabiendo que no lo son.

II. Al que por un título oneroso, enajene una
cosa con conocimiento de que no tiene derecho
para disponer de ella, ó la arriende, hipoteque,
empeñe ó grave de cualquier otro modo; si ha
recibido el precio, el alquiler, la cantidad en que
lo gravó, ó una cosa equivalente,

III. Al que en un juego de azar ó de suerte
valga de fraude para ganar, sin perjuicio de las

otras penas en que incurra si el juego fuere prohibido.

IV. Al que defraude á alguno una cantidad de dinero, ó cualquiera otra cosa, girando á favor de él una libranza ó una letra de cambio contra una persona supuesta, o contra otra que el girador sabe que no ha de pagarla.s

V. Al que entregue en depósito algun saco, bolsa ó arca cerrada, haciendo creer falsamente al depositario que contienen dinero, alhajas ú otra cosa valiosa que no se hallo en ellas; sea que defraude al depositario demandándole aquel ó éstas despues, ó sea que consiga por éste medio dinero de él ó de otro.

VI. Al que compre una cosa mueble ofreciendo pagar su precio al contado, y rehuse, despues de recibirla, hacer el pago y devolver la cosa; si el vendedor le exige lo primero dentro de tres dias de haber recibido la cosa el comprador.

VII. Al que venda á dos personas una misma cosa, sea mueble ó raiz, y reciba el precio de ambas. Esto se entiende sin perjuicio de que devuelva el precio al que, con arreglo al derecho civil, se quede sin la cosa.

Art. 404. El que ponga en circulacion una ó mas monedas legítimas de otro metal, como si fuéran de oro ó plata, sabiendo que solo tienen la apariencia, será castigado con una multa igual al cuádruplo del valor que quiso hacerles representar.

Art. 405. El que por título oneroso enajene una cosa y entregue intencionalmente otra, distinta en todo ó en parte de la que contrató, sufrirá una multa de segunda clase.

Art. 406. El que por titulo oneroso enajene una cosa en precio mayor del que realmente tiene, engañando para esto al que la adquiere, sobre el verdadero orígen, naturaleza, especie ó dimenciones de la cosa, sufrirá una multa del duplo de la diferencia que haya entre el precio que cobró y el legítimo, sin perjuicio de las acciones que con arreglo al derecho civil competan al defraudado.

La misma pena se aplicará, si el fraude se cometiere en metales preciosos, dando uno de inferior ley que la pactada. Esto se entiende, si no se ha cometido la falsedad de que se trata en los artículos 678 á 680 y 682.

En los dos casos de ese artículo se tendrá como circunstancia agravante de cuarta clase, que el delincuente sea platero ó joyero.

Art. 407. Si en los casos de que hablan los ar tículos que preceden, interviniere á nombre del dueño otra persona y cometiere el engaño, se le aplicará la pena respectiva de las que dichos artículos señalan. Pero si el que interviniere fuere corredor, se tendrá esta circunstancia como agra vante de segunda clase.

Art. 408. El que sin valerse de pesas ó medidas falsas, engañe al comprador sobre la cantidad ó peso de la cosa vendida, haciendo por cualquier medio que aparezcan mayores de lo que son, sufrirá una multa de primera clase; cuando el engaño no pase de diez y seis pesos. Pasando de esa cantidad, la multa será de segunda clase.

Art. 409. Sufrirá la pena del robo sin violen cia y una multa igual á la cantidad que se proponga defraudar, el que sin acuerdo con el falsario hiciere uso:

I. De moneda falsa ó alterada.

II. De pesas ó medidas falsas ó alteradas.

III. De alguno de los documentos falsos de que se habla en los artículos 665 á 672.

Si el delincuente fuere empleado público, se tendrá esta circunstancia como agravante de cuarta clase, sin perjuicio de lo dispuesto en el aparte del art. 145.

Art. 410. El que venda medicinas ó comestibles falsos sabiendo que lo son, pagará una multa del duplo de su valor, si no contienen sustancias dañosas.

Si el que vende las medicinas fuere boticario se considerará esta circunstancia como agravante de cuarta clase.

Art. 411. El vendedor de cosas adulteradas por él, ó sabiendo que lo están, si las sustancias mezcladas no son nocivas, pagará una multa de primera clase cuando la diferencia de precio no exceda de diez y seis pesos, y de segunda cuando pase de esa cantidad.

No se comprende en esta prevencion el caso

en que la mezcla no se haga con ánimo de engañar, sino para apropiar las cosas al comercio del
lugar, á las necesidades del consumo, á los hábitos ó caprichos de los consumidores; ó por exi-
girlo así la conservacion de la cosa, las reglas de
la fabricacion, ó indicarlo la ciencia para un fin
legítimo.

Art. 412. El que cometa un fraude, explotan-
do en su provecho las preocupaciones, la supers-
ticion ó la ignorancia del pueblo, por medio de
una supuesta evocacion de espíritus, ó prome-
tiendo descubrir tesoros, ó hacer curaciones, ó
explicar presagios, ó valiéndose de otros enga-
ños semejantes, sufrirá la pena de arresto mayor y multa de segunda clase.

Art. 413. El que haga un contrato ó un acto
judicial simulados, con perjuicio de otro; será castigado con una multa igual á los daños y perjuicios causados, si éstos no exceden de cien pesos.
Si pasan de esta cantidad se impondrá la pena
de arresto mayor y multa de segunda clase.

Si el autor del contrato simulado lo deshicie-
re ó denunciare la simulacion antes de que la j is

ticia tenga conocimiento del delito, solo se le im
pondrá la multa correspondiente.

Art. 414. El que con abuso de la inexperiencia, de las necesidades ó de las pasiones de un
menor, le prestare una cantidad de dinero, en
créditos ó en otra cosa equivalente, y lo hiciere
otorgar un documento que importe obligacion,
liberacion ó trasmsion de derechos, sea cual fue
re la forma del contrato, será castigado con la
pena de arresto menor y multa de segunda clase, como si cometiera un fraude.

Art. 415. El que de cualquier modo sustraiga
algun título, documento ú otro escrito que él
babía presentado en juicio, será castigado como
si cometiera un fraude, y sufrirá una multa de
diez y seis á quinientos pesos.

Art. 416. El que con intencion de perjudicar
á un acusado, sustraiga del proceso que contra
éste se esté formando, un documento ó cualquiera actuacion, con que se pudiera probar su inocencia ó una circunstancia excluyente ó atenuan
te; será castigado con la pena que se le impon-
lría si hubiera declarado falsamente, aunque no
ogre su objeto.

Art. 417. Los hacendados, dueños de fábricas, talleres ó de cualquiera otro establecimiento, que en pago del salario ó jornal de sus operarios, les den tarjas ó planchuelas de metal ó de otra materia, vales ó cualquiera otra cosa que no corra como moneda en el comercio, serán castigados de oficio, con una multa del duplo de la cantidad á que asciende la raya de la última semana en que se haya hecho el pago de ese manera.

La mitad de esa multa se aplicará á los operarios en proporción al jornal que ganen.

Art. 418. Los fraudes que causen perjuico á la salud, se castigará con las penas que señala el capítulo sobre delitos contra la salud pública.

Art. 419· Cualquiera otro fraude que no sea de los especificados en este capítulo y el siguiente, se castigará con una multa igual al veinticinco por ciento de los daños y perjuicios que se causen; pero sin que la multa exceda de mil pesos.

Art. 420 Son rplicables al fraude y á la estafa, los articulos 361, 362 y 363.

CAPITULO VI.

Quiebra fraudulenta.

Art. 421. Al comerciante á quien se declare alzado, se le impondrán cinco años de prisión, si el deficindte que resultare de su quiebra no excediere de mil pesos. Cuando exceda de esa cantidad, se formará el término medio de la pena aumentando á los cinco años un mes de prisión por cada cien pesos de exceso; pero sin que dicho término medio pueda pasar de diez años.

Art. 422. El fallido que haya ocultado ó enajenado sus bienes en fraude de sus acreedores, ó para favorecer á uno de ellos con perjuicio de los otros, será castigado con tres años de prisión, si el fraude no excediere de mil pesos. Cuando exceda, se hará á los tres años el aumento de que habla el artículo anterior, sin que el término medio pueda pasar de sies años.

Art. 423. Fuera de los dos casos de que hablan los artículos que preceden, la pena del comerciante declarado reo de quiebra fraudulenta será de dos años de prisión, si su descubierto no pasare de mil pesos. Pasando de esta suma se hará el aumento de que habla el artículo 421 sin que el término medio exceda do cinco años.

Art. 424. En los casos de que hablan los tres artículos anteriores, quedarán inhabilitados los reos para ejercer la profesión de comerciantes, corredores y agente de cambio. Además, se les podrá suspender en los derechos de que habla el artículo 360.

Art. 425. Al corredor ó agente de cambio y á cualquiera otra persona mayor de edad que teniendo prohibicion legal de comerciar, comerciaren y quebraren fraudulentamente se les castigará como á los comerciantes, pero teniendo la prohibi cion susodicha como circunstancia agravante de segunda clase.

Art. 426. Los que fueren declarados cómplices ó encubridores de una quiebra fraudulenta serán castigados con arreglo á los arts 206 á 208.

Art. 427. Se impondrá arresto mayor y multa de segunda clase al acreedor que para sacar algu ne ventaja indebida celebre algun convenio priva do con el deudor ó con cualquiera otra persona ó se comprometa con esa condicion á dar su vo to en determinado sentido en las deliberaciones del concurso de un comerciante quebrado.

Art. 428. El delito de quiebra fraudulenta se perseguirá de oficio aun cuando no haya queja ni peticion de parte.

Art. 429. Los comerciantes que suspendan el pago de sus obligaciones deberán en todo caso manifestarlo al juez respectivo en el término que. señala el art 775 del Código de Comercio. Si no lo hicieren por solo este hecho se tendrá su quie bra como culpable.

Art 430. El juez á quien se le haga aquella manifestacion y no provea luego lo que corres. ponda para que se sustanció el incidente crimi nal consiguiente á toda quiebra incurrirá en nn año de suspension de su empleo.

Art. 431. Los acreedores de un quebrado que entren con él en convenio, sin que se haya dado parte de la quiebra al juez que debe conocer de ella, perderán sus créditos á favor del fondo de indemnizaciones siendo nulos tales covenios é incurrirán en una multa de la mitad de lo que im porten aquellos la cual ingresará al mismo fondo.

Art. 432. Los promotores, los agentes fiscales y en general los representantes del ministerio pú blico tienen el deber, bajo su más estrecha responsabilidad de dar aviso á los jueces respectivos de las quiebras que lleguen á sus noticias y de ha cer las gestiones que fueren necesarias para que los artículos anteriores tengan su más exacto cum plimiento.

Art. 433 Se tendrán por derogados los artículos relativos al Código mercantil y de la ley de Procedimientos civiles, en lo que pugnen con los anteriores.

CAPITULO VII.

Despojo de cosa inmueble ó de aguas.

Art. 434. El que haciendo violencia física á las personas ó empleando la amenaza ocupare una cosa ajena inmueble, ó hiciere uso de ella, ó de un derecho real que no le pertenezca, será casti gado con la pena que corresponda á la violencia ó á la amenaza, aplicándose respecto de ésta las reglas establecidas en los arts. 438 á 448 y una multa igual al provecho que le haya resultado de su delito.

Si el provecho no fuere estimable la multa será de segunda clase.

Art. 435. Lo dispuesto en el artículo anterior aplicará aun cuando la cosa sea propia, si se ha llare en poder de otro, y el dueño la ocultare de propia autoridad en los casos en que la ley no lo permita.

Art. 436. Se impondrá también la pena de que habla el art. 434 cuando la posesion de la cosa usurpada sea dudosa ó esté en disputa.

Art. 437. La usurpacion de agua se castigará con la pena que corresponda de las señaladas en osartículos anteriores.

CAPITULO VIII.

Amenazas.—Amagos.—Violencias físicas.

Art. 438. El que por escrito anónimo, ó suscrito con su nombre ó con otro supuesto, ó por medio de un mensajero exigiere de otro sin derecho que le entregue ó sitúe en determinado lugar, una cantidad de dinero ú otra cosa, que firme ó entregue un documento que importe obligacion, trasmision de derechos, ó libracion, amenazándolo con que si no lo verifica hará revelaciones ó imputaciones difamatorias para el amenazado, para su cónyuge ó para un ascendiente, descendiente ó hermano suyo, será castigado con la penas de tres meses de arresto y una multa igual á la cuarta parte del valor de lo que exija, sin que aquella pueda exceder de mil pesos.

Art. 439. El que, con el objeto y en los térmi nos de que habla el artículo anterior, ó con el de que una persona cometa un delito, la amena ce con la muerte, incendio, inundacion ú otro aten tado futuro contra la persona ó bienes del ame nazado, de su cónyuge ó de un deudo suyo cer cano, será castigado con la multa de que habla el artículo anterior, y prision por un término igual á la octava parte de la que sufriría si ya se hubiera ejecutado el delito con que amenazó, cuando la pena de él sea la de prision por cuatro años ó más, ó la capital.

En este último caso la computacion se hará so bre quince años, con arreglo al artículo 184, frac cion 1ª

Art. 440. El que para apoderarse de una cosa propia de que no puede disponer, y que se halle depositada ó en prenda en poder de otro, lo ame nazare con causarle un daño grave si no se la en trega; sufrirá la pena que corresponda con arreglo á los artículos que preceden.

Art. 441. El que por escrito anónimo, ó suscrito con nombre propio ó con uno supuesto, ó por medio de un mensajero amenazare á otro con la muerte, inundacion ú otro grave mal futuro en su persona ó en sus bienes, sin imponerle condicion alguna, sufrirá la pena de arresto mayor y multa de segunda clase.

Art. 442. El que por medio de amenazas que no sean de las mencionadas en los artículos anteriores, trate de impedir á otro que ejecute lo que tiene derecho de hacer, será castigado con arresto menor y multa de segunda clase.

Art. 443. Cuando las amenazas sean verbales, ó por señas, emblemas ó geroglíficos, en los casos de los artículos anteriores, se impondrá la mitad de la pena que ellos señalan.

Art. 444. En los casos de los artículos que preceden, cuando de los amagos ó amenazas se pase á la violencia física, se impondrá por ese solo hecho dos años de prision y multa de segunda clase.

Art. 445. Si la amenaza fuere de las mencio-

nadas en el artículo 439, y no tuviere por condi
cion que el amenazado no ejecute un hecho ilícito en sí, y ofensivo al amenazador; se exigirá
á éste y al amenazado la caucion de no ofender
con arreglo al artículo 164.

El que no la diere sufrirá la pena de arresto
mayor, cuya duracion fijará el juez, teniendo en
consideracion la gravedad de la amenaza, y la
mayor ó menor probabilidad de su ejecucion.

Art. 446. En cualquiera otro caso de amenaza menor que las de que hablan los artículos que
anteceden, se impondrá al amenazador una multa de primera clase, y se le hará el apercimiento
de que trata el artículo 108.

Art. 447. Si el amenazador consiguiere su objeto, se observarán las reglas siguientes:

I. Si lo que exigió y recibió fué dinero, un
documento ú otra cosa que lo valga, sufrirá la
pena del robo con violencia, sin perjuicio de restituir lo recibido.

II. Si lo que exigió fué que el amenazdo cometiera un delito, sufrirá la pena señalada á éste, considerándose al amenazador y al amenaza

do como autores, con arreglo al artículo 49 fracciones 1ª y 4ª

Art. 448. Si por no haber conseguido su objeto el amenazador llevare á efecto su amenaza, se observarán estas reglas.

I. Si la amenaza fuere de hacer una revelación ó imputación difamatorias, se impondrá al amenazador un año de prisión y multa de segunda clase, cuyo monto se fijará teniendo en cuenta la utilidad que se propuso sacar, si la revelación ó ó imputación no fueren calumniosos.

Siéndolo sufrirá dos años de prisión y multa de segunda clase, cuando la pena de la calumnia no sea mayor.

II Si la amenaza fuere de ejecutar algun otro hecho que sea delito, se aplicará la pena de éste al amenazador, considerando el hecho con circunstancia agravante de cuarta clase.

CAPITULO IX.

Destruccion ó deterioro en propiedad ajena por incendio

Art. 449 el incendio acaecido por simple culpa, se castigará con arreglo á lo prevenido en los artículos 186 á 188.

Art. 450. Al que fuere aprehendido en el momente mismo de ir á ejecutar un incendio teniendo una mecha ú otra cosa notoriamente preparadas para ese objeto, se le aplicará la pena correspondiente al conato.

Art. 451. El solo hecho de poner fuego á un edificio, ó á cualquiera otra de las cosas de que hablan los artículos siguientes, se castigará como incendio frustrado si no severifica.

Si el fuego tomare incremento se tendrá como consumado el delito aunque la destruccion causa da solo sea parcial.

Art. 452. Los reos de incendio intencional con denados á prision, solamente podrán ser indulta dos de una tercia parte de ella, y para esto será preciso que antes llenen los requisitos 2? y 3° del art 275 fraccion 2?.

Art. 453. En todo caso de incendio intencio nal se impondrá una multa igual á la tercia parte de lo que monte el daño causado, sin que aquella pueda exceder de dos mil pesos.

Art. 454. Se impondrán diez años de prision al que incendiare:

1. Un edificio, vivienda ó cuarto si estuvieren destinados para habitacion y se hallare en ellos alguna persona al ponerse fuego al edificio.

II. Las dependencias de un edificio, vivienda ó cuarto si éstos se hallan en el caso de la frac- cion que precede.

III. Cualquiera otro edificio ó construccion, aunque no estén destinados para habitarse, si se hallare en ellos alguna persona al ponerles fuego y el incendiario sabia ó debia presumir esta cir cunstancia.

IV. Un wagon ó un coche, si aquel ó éste es tán ocupados por una ó más personas.

La misma pena se impondrá aunque en el co che ó wagon que se incendie no se halle persona alguna si la hubiere en el tren de que aquel for me parte.

V. El vestido que tienn puesto una persona sea cual fuere el medio de que el delincuente se val ga para incendiarlo.

VI. Un archivo público ó de un notario.

Art. 455. En las cinco primeras fracciones del artículo anterior, si el incendio causare la muerte ó una lesion á alguna de las personas que en ellas se mencionan, se observarán las reglas de acumulacion, considerando el homicidio ó la lesion como perpetrados con premeditacion si el incen dio se ejecutare con esta circunstancia.

Art. 456. Si la muerte ó la lesion se causare

por un incendio no comprendido en los casos de que habla el artículo anterior la acumulacion se hará conforme á las reglas siguientes:

I. Si el edificio no estuviere destinado para habitacion y el incendiario ignorare que hay en él una ó más personas, se tendrán como simples las lesiones y el homicidio que resulten.

II. Si la persona muerta ó herida no fueren de las que se hallaban en el edificio, coche ó wagon incendiados, al ponerles fuego, el homicidio y las lesiones que resulten, se tendrán como delito de culpa.

Art. 457. En los casos 1º 2º y 4º del art. 454, se impondrán ocho años de prision, si no estuvieren ocupadas por persona alguna las cosas de que allí se habla.

Art. 458. El que incendie un registro, minuta ó acta originales, de la autoridad pública, un proceso criminal, unos autos civiles, unos títulos de propiedad, un billete de banco, una letra de cambio ú otro documento que importe obligacion, liberacion ó trasmision de derechos; será castigado con las penas del robo.

La misma pena se aplicará aun cuando no se destruya del todo el documento, si quedare inutilizado para su objeto.

Art. 459. El que para incendiar alguna de las cosas de que hablan los cinco artículos que preceden, incendiare otra cosa diversa, situada de modo que el fuego se pueda fácilmente comunicar y se haya comunicado á aquella, sufrirá la misma pena que si la hubiere incendiado directamente.

Art. 460. La pena será de cinco años de prision: cuando se incendie un edificio, ó lugar que no estén destinados para habitacion ni habitados al tiempo del incendio, ni haya habido peligro, de que el fuego se comunicara á edificio ú otro lugar, wagon ó coche, en que se hallare alguna persona.

Art. 461 El incendio en poblado, de una fábrica de pólvora ó de cualquier otro lugar ó edificio, en que haya depósito de ella, ó de otra materia inflamable ó combustible; se castigará con diez años de prision, estén ó no habitados aquellos.

Si el incendio se ejecutare en despoblado, se observarán las reglas prevenidas en los cuatro artículos que preceden.

Art. 462. El incendio de montes, bosques ó selvas, se castigará con seis años de prision.

Art. 463. El incendio de pastos, mieses ó plantíos. ó de pajas, cosechas de granos ú otros frutos, ó de madera cortada, sea que estén en los campos ó en las eras, en haces ó gavillas, en hacinas, pilas ó montones, así como el incendio de un wagon, ú otro carruaje que contenga carga y no formen parte de un tren en que se halle alguna persona; se castigará con las penas que se establecen en el artículo siguiente y además con una multa de segunda clase.

Art. 464. En cualquier otro caso no expresado en los artículos anteriores, las penas del incendiario serán las siguientes:

I De arresto menor, si el daño y los perjuicios no exceden ce cinco pesos.

II De arresto mayor, si pasan de cinco pesos y no de cien.

III De dos años de prision, si pasan de cien pesos pero no de quinientos.

IV. De cuatro años de prision, si pasan de qui nientos pesos pero no de mil.

V Si exceden de mil pesos, á los cuatro años de prision de que habla la fraccion anterior, se aumentarán dos meses por cada cien pesos que haya de aumento en el daño y los perjuicios. sin que la pena pueda exceder de diez años.

Art. 465 Las circunstancias de que la cosa in cendiada sea del que la incendie, no librará á és te de las penas señaladas en los artículos que preceden, sino cuando no haya causado daño al guno á la persona ó bienes de otro, ni tenido in tencion de causarlo.

Art. 466 No obstante la prevención del ar tículo anterior, se impondrán cinco años de pri sion, cuando el dueño de una cosa la incendie pa ra defraudar á sus acreedores ó á un tercero, ó pa ra exigir á una compañía de seguros una indem nizacion indebida.

Art 467. En el incendio se tendrán como circunstancias agravantes de cuarta clase, las si guientes:

I. Ejecutarlo de noche, ó en horas en que las gentes acostumbran entregarse al sueño, ó sa biendo el incendiario que las circunstancias en que intenta cometer su delito, aumentan la dificultad de extinguir el fuego.

II. Emplear algun medio para procurar su propagacion, ó para impedir que se extinga.

III. Ser el edificio incendiado, cárcel, cuartel, colegio, hospital ó casa de asilo.

Art 468. Se tendrá como circustancia agravante de tercera clase, ser el edificio incendiado biblioteca pública, ó museo público de antiguedades ó de bellas artes.

CAPITULO X.

Destruccion ó deterioro causado por inundacion.

Art. 469 La inundacion causada por simple culpa, será castigada con arreglo á lo que pres criben los artículos 186, 187 y 188.

Art. 470. En todo caso de inundacion causa da intencionalmente, se aplicará una multa de segunda clase, además de las penas que señalan los artículos siguientes.

Art. 471. El que inundare un edificio de i nado para habitacion y habitado cuando se i in de sufrirá diez años de prision, sí hubiere corrido peligro la vida de los habitantes.

La misma pena se impondrá aunque el edificio no este destinado para habitarse, cuando haya en él alguna persona y lo sepa el que lo inundó.

Art. 472. Si no corrieren peligro las personas que se encuentren en el edificio inundado, se aplicarán las reglas que contiene el art. 464.

Art. 473. Se impondrán diez años de prision al que inundare en todo ó en parte las labores de una mina, si se hallaren en ella una ó mas personas y supiere ó débiere presumir esta circunstancia el que la inundó.

Art. 474. Tambien se impondrán diez años de prision al que inunde una poblacion cualquiera.

Art. 475. El que inundare en todo ó en parte los terrenos de una finca rústica ó un camino público, ó echare sobre ellos las aguas de modo que causen daño, sufrirá una pena proporcionada á los daños y perjuicios, con arreglo al citado artículo 464.

Art. 476. Siempre que la inundacion cause

la muerte ó una lesion á una ó mas personas, se observará lo prevenido en los artículos 455 y 456.

CAPITULO IX.

Destruccion, deterioro y daños causados en propiedad ajena por otros medios.

Art. 477. El que por la explosion de una mina ó máquina de vapor, ó por cualquiera otro medio que no esté comprendido en los dos capitulos que preceden, destruyere en todo ó en parte una construccion ó edificio ajenos, un coche ó un wagon, será castigado como si lo hubiera hecho por medio de incendio,

Art. 478. El que destruye en todo ó en parte, ó paralice por otro medio una máquina empleada en un camino de fierro, en una fábrica ó en otro establecimiento, ó destruya ó deteriore un puente, un dique, una calzada ó un camino de fierro, será castigado con las penas que establece el art. 464.

Art. 479. El que destruya un registro, minuta ó acta originales de la autoridad pública, un proceso criminal, unos autos civiles, unos títulos de propiedad, un billete de banco, una letra de cambio, ú otro documento que importe obligacion, liberacion, ó trasmision de derechos, será castigado con las mismas penas que si los hubiera robado.

La misma pena se aplicará al que inutilice le documento que para el objeto con que se formó, mutilándolo, ó de otro modo que no importe una simple alteracion, pues esta constituye un delito de falsedad.

Art. 480. Tambien se castigará con la pena del robo, destruccion ó deterioro de cualquiera otra cosa ajena, aunque sea en casos ó por medios no especificados en este capítulo.

Para la imposición de dicha pena se tendrá como base el valor de la cosa destruida.

Art. 481. Se castigará tambien con las penas señaladas al robo:

I. Al que destruya ó deteriore una sementera, un plantío, uno ó más árboles ó ingertos.

II. Al que en una sementera ó plantío esparza semillas de plantas nocivas á las del plantío ó sementera.

III. Al que por cualquier medio mate ó envenene sin derecho un animal ajeno, ó lo inutilice para el fin á que el dueño lo tiene destinado.

Art. 482. Se castigará con arresto menor: al que con intencion de destruir los peces, echare sustancias capaces de producir este efecto en un canal, arroyo, estanque, vivero, río ó laguna.

Si resultare la destruccion de los peces, se impondrá además una multa de segunda clase.

Art. 483. En los casos de que habla el artículo que precede y la fraccion 3ª del anterior, se tendrá como circunstancia agravante de segunda clase, que el delincuente cometa su delito en pertenencia ó edificio ajenos.

Art. 484. El que interrumpiere la correspondencia telegráfica, destruyendo ó deteriorando uno ó mas postes, el alambre, una máquina ó cualquiera otro aparato de un telégrafo del Estado ó de empresas particulares de cualquiera clase que éste sea, será castigado con dieciocho meses de prisión y una multa igual á ló que cueste reponer lo destruido.

Si interrumpiere la correspondencia telegráfica por cualquiera otro medio, la pena será de nueve meses de prisión y una multa de cinco á cien pesos.

Art. 485. Siempre que los delitos de que hablan los artículos anteriores, se ejecuten haciendo violencia á una ó más personas, la pena será de seis años de prisión y la multa que corresponda con arreglo á dichos artículos, á no ser que la violencia cause una herida ú otra lesión que merezcan mayor pena, pues entonces se observarán las reglas de acumulación.

Art. 486. Se castigará con arrresto mayor y multa de segunda clase al que destruyere ó deteriorare:

I. Nn signo conmemorativo.

II. Un monumento, estatua ú otra construccion levantados para utilidad ú ornato públicos por autoridad competente, ó con su autorizacion.

III. Los monumentos, estátuas, cuadros ó cualquiera otro objeto de bellas artes, colocados en los templos ó edificios públicos.

Art. 487. El que con intencion de causar daño quite, corte ó destruya las ataduras que retienen un wagon ó coche, ó quite el obstáculo que impida ó modere su movimiento, ó dé suelta á un animal, será castigado con arresto menor si no resultare daño alguno.

Si se causare, se impondrán las penas que señala el art. 464.

Art. 488. Al que quite ó destruya uno ó más durmientes ó rieles de un camino de fierro, ó un cambia-vía, ó ponga en el camino cualquier obstáculo capaz de impedir el paso de la locomotora, ó de hacer descarrilar á ésta ó los wagones, se le castigará con tres años de prision y multa de segunda clase, si no resultare muerte, herida ú otra lesion.

Art. 489. El que ciegue las zanjas ó fozos que sirven de linderos á una finca rústica, ó destruya las cercas, hitos ó mojones, ú otras señales que

marcan sus límites, sufrirá la pena de ocho dias
á seis meses de arresto y multa de diez á doscientos pesos.

Pero si el fin que se propusiere el reo fuere
usurparse un terreno vecino ó confundir los limi
tes disputados en juicio ó robarse los materiales
de que estén formados los linderos la pena será
de tres á once meses de arresto y multa de segunda clase.

Art. 490. El que con perjuicio de sus acreedo
res ó para exigir indemnizacion á una compañía
de seguros, destruya ó deteriore una cosa propia,
si se hallare en su poder será castigado con la pe
na de arresto mayor y multa de segunda clase.

Si la cosa se hallare en poder de otro, se apli
cará la pena del robo.

Art. 491. En todos los casos comprendidos en
este capítulo se tendrá como circunstancia agra
vante de cuarta clase, la de estar encargado de
su custodia el que destruya ó deteriore una cosa
ajena ó cause daño en ella.

Art. 492. Siempre que en cualquiera de los ca
s de que se trata en este capítulo resulte la

muerte de una persona, se hará lo dispuesto en el art 552.

Pero si solo resultare una lesion se impondrá al reo la pena que sea mayor entre las que corres pondan por la destruccion y por la lesion consi derando el delito como ejecutado con una circuns tancia agravante de cuarta clase.

TITULO II.

DELITOS CONTRA LAS PERSONAS COMETIDOS POR PARTICULARES.

CAPITULO I.

Golpes y otras violencias físicas simples.

Art. 493. Son simples los golpes y violencias físicas que no causen lesion alguna y solo se castigarán cuando se infieran con intencion de ofender á quien los recibe.

Art. 494. El que públicamente y fuera de riña diere á otro una bofetada, una puñada ó un latigazo en la cara, será castigado con una multa de diez á trescientos pesos ó con arresto de uno á cuatro meses ó cou ambas penas, segun las cir cunstancias del ofensor y del ofendido á juicio del juez.

Con esa misma pena se castigará cualquiera otro golpe que la opinion pública tenga como afrentoso.

Art. 495. El que azotare á otro por injuriar lo, será castigado con multa de diez á trescientos pesos y cuatro meses de arresto á un año de pri sion.

Art. 496. Los golpes simples que no causen afrenta, se castigarán con apercibimiento ó con multa de primera clase si son leves ó se los han dado recíprocamente los contendientes.

Art. 497. Los golpes dados y las violencias hechas á un ascendiente del ofensor, se castiga rán con un año de prision en el caso del artículo anterior, si fueren simples.

En los casos de los artículos 494 y 495 se au mentarán dos años de prision á la pena que ellos señalan.

Art. 498. En cualquiera otro caso en que los golpes ó violencias simples constituyan otro delito que merezcan mayor pena que las señaladas en este capitulo, se aplicará aquella.

Art. 499. Los jueces podrán, además, dec'arar á los reos de golpes, sujetos á la vigilancia de la autoridad, prohibirles ir á determinado lugar; y obligarlos á dar caucion de no ofender siempre que lo crean conveniente, con arreglo á los arts 164, 166 y 176

Art. 500. La penas señaladas en los articulos anteriores se duplicarán si el reo fuere funcionario público y hubiere cometido el delito con abuso de sus funciones.

Art 501. No se podrá proceder contra el autor de golpes ó violencias, sino por queja del ofendido, á no ser cuando el delito se cometa en una reunión ó lugar público.

Art. 502. Los golpes dados y las violencias hechas en ejercicio del derecho de castigar, no son punibles.

CAPITULO II.

Lesiones.—Reglas generales.

Art. 503· Bajo el nombre de lesión, se comprenden: no solamente las heridas, escoriaciones contusiones, fracturas, dislocaciones y quemaduras; sino toda alteración en la salud, y cualquiera otro daño que deje huella material en el cuerpo humano, si esos efectos son producidas por una causa externa.

Cuando los golpes produzcan algunos de los efectos indicados, se tendrán y castigarán como lesiones.

Art. 504. Las lesiones no serán punibles, cuando sean casuales ó se ejecuten con derecho.

Art. 505. Las lesiones se calificarán de casuales: cuando resulten de un hecho ú omisión, sin intención ni culpa de su autor.

Art. 506. De las lesiones que á una persona cause un animal bravio, será responsable el que lo suelte ó azuce con este objeto.

Art. 507. Hay premeditación: siempre que el reo cause intencionalmente una lesion, después de haber reflexionado ó podido reflexionar sobre el delito que va á cometer.

Art. 508. No se tendrá como premeditada una lesion si no se prueba esa circunstancia, excepto en los dos casos siguientes:

I. Cuando la lesion sea de las mencionadas en los artículos 455 y 476.

II. Cuando intencionalmente cause el reo una lesion como medio de cometer otro delito, ó para aprovechar el fruto de éste, ó impedir su aprehension ó evadirse despues de aprehendido.

Art. 509. Se entiende que hay ventaja respecto de uno de los contendientes:

I. Cuando es superior en fuerza física al otro y éste no se halla armado.

II. Cuando es superior por las armas que em

plea, por su mayor destreza en el manejo de ellas, ó por el número de los que lo acompañan.

III. Cuando se vale de algun medio que debilite la defensa de su adversario.

IV. Cuando éste se halle inerme ó caido y aquél armado ó en pié.

La ventaja no se tomará en consideracion en los tres primeros casos, si el que la tiene obrare en defensa legítima; ni en el cuarto, si el que se halla armado ó en pié fuere agredido, y además hubiere corrido peligro su vida por no aprovechar esa circunstancia.

Art. 510. La alevosía consiste: en causar una lesion á otra persona, agrediéndola intencionalmente de improviso, ó empleando asechanzas ú otro medio que no le dé lugar á defenderse, ni á evitar el mal que se le quiere hacer.

Art. 511. Se dice que obra á traicion: el que no solamente emplea la alevosía sino tambien la perfidia, violando la fé ó seguridad que expresamente había prometido á su víctima, ó la tácita que ésta debía prometerse de aquél por sus relaciones de parentesco, gratitud, amistad ó cualquiera otra, de las que inspiran confianza.

Art. 512. No se imputarán al autor de una le
sion los daños que sobrevengan al que la recibe;
sino en los casos siguientes:

I. Cuando provengan exclusiva y directamen
te de la lesion.

II. Cuando aunque resulten de otra causa dis
tinta, ésta sea desarrollada por la lesion ó su efec
to inmediato y necesario.

Como consecuencia de esta regla cuando resul
taren al ofendido daños que no sean imputables
al autor de las lesiones, éstas serán clasificadas pa
ra la penalidad como si tales daños no hubieren
sobrevenido, sin perjuicio de que los facultativos
hagan mencion de ellos en sus respectivas decla
raciones en los términos que establece el Código
de Procedimientos.

Art. 513. No se podrá sentenciar ninguna cau
sa sobre lesiones, sino despues de sesenta dias de
cometido el delito; á excepcion del caso en que an
tes sane el ofendido ó conste el resultado que ha
yan de tener las lesiones.

Art. 514. Cuando falten las dos circunstancias
del artículo anterior y estén vencidos los sesenta
dias, declararán dos peritos cuál será el resultado

seguro ó al menos probable de las lesiones; y con vista de esa declaracion se podrá pronunciar la sentencia definitiva si la causa se hallare en estado.

Art. 515. Las lesiones calificadas de mortales con arrreglo á los artículos 539 y 540, se castigarán con las penas señaladas al homicidio.

Art. 516. En todo caso de lesion, además de aplicar las penas establecidas, podrán los jueces, si lo creyeren justo y conveniente:

I Declarar sujetos á los reos á la vigilancia, con arreglo á los artículos 166 á 173.

II. Prohibirles ir á determinado lugar; ó residir en él con arreglo á los artículos 174 á 176.

III. Prohibirles la portacion de armas, co arreglo á la frac. 2ª del art. 143.

CAPITULO III.

Lesiones simples.

Art. 517. Las lesiones se tendrán como simples: cuando el reo no obre con premeditacion, con ventaja ó con alevosía, ni á traicion.

Art 518 Las lesiones causadas por culpa, se castigarán con arreglo á los artículos 168 á 188.

Art. 519. Las lesiones que por su naturaleza no pongan ni puedan poner en peligro la vida del ofendido, se castigarán con las penas siguien tes:

I. Con arresto de ocho dias á un mes y multa

CODI. GTO—32.

de cinco à cincuenta pesos; con aquel solo ó sola con ésta, á juicio del juez, cuando no impidan la sanidad por más de ocho dias, ni causen achaque, defecto físico ó deformidad importantes, cuya duracion exceda de un mes desde el dia en que hayan sido inferidas las lesiones.

II. Con uno á tres meses de arresto, cuando sin causar achaque, defecto físico ni deformidad importantes, cuya duracion exceda de un mes impidan la sanidad por más de ocho dias, pero no por más de treinta.

III. Con tres á seis meses de arresto, cuando impidan la sanidad por más de treinta dias; ó cuando causen achaque, defecto físico ó deformidad importantes que duren más de este tiempo y sean temporales.

IV. Con arresto mayor y multa de segunda clase cuando causen achaque, defecto físico ó deformidad importantes.

Se reputan importantes el achaque, el defecto físico y la deformidad, cuando ésta sea notable á primera vista en la cara, el cuello ó las manos y aquellos impidan ó dificulten el trabajo ó el ejercicio regular de las funciones de la vida. Ar mismo se tendrán como temporales, cuando su duracion no exceda de seis meses, y como permanentes, cuándo duren más de este tiempo.

Art. 520. Las lesiones que por su naturaleza puedan poner en peligro la vida del ofendido, se castigarán con las penas siguientes:

I. Con un año de prision, cuando no causen achaque, defecto físico ni deformidad importantes que duren más de sesenta dias.

II. Con uno ó dos años de prision, cuando causen achaque, defecto físico ó deformidad importantes, cuya duracion sea temporal y exceda de sesenta dias.

III. Con uno ó dos años de prision y multa de segunda clase, cuando causen achaque, defecto físico ó deformidad importantes y permanentes.

Art. 521. Las lesiones que por su naturaleza pongan en peligro la vida del ofendido no causándole la muerte, se castigarán con las penas siguientes:

I. Con la pena de tres á cuatro años de prisión cuando no causen achaque, defecto físico ó deformidad importantes, cuya duración exceda de sesenta días.

II. Con la pena de cuatro á cinco años de prisión cuando causen achaque, defecto físico ó deformidad importantes, que duren más de sesenta días y sean temporales.

III. Con cinco años de prisión y multa de segunda clase, cuando causen achaque, defecto físico ó deformidad importantes y permanentes.

Art. 522. Las lesiones que causen la pérdida completa ó irremediable de la vista ó del habla serán castigados con la pena de seis años de prisión.

Art. 523. Con la de ocho años de la propia pena serán castigados, los que causen una lesion de que resulte enagenación mental segura ó probablemente incurable.

Art. 524. El que castre á otro será castigado con diez años de prisión.

Art. 525 Con la pena que expresa el artículo anterior, se castigarán los actos deliberados que se ejecuten para enloquecer á una persona, privarla absolutamente de la vista ó del habla, ó su putarle las dos manos, siempre que se haya consumado el delito.

Art. 526. Cuando fueren más de una las lesiones, si de esto no resultare que se halla puesto ó podido poner en peligro la vida del ofendido, ni vinieren de allí achaques ó deformidades se tendrán el mayor número de lesiones como circunstancia agravante de primera, segunda, tercera ó cuarta clase, á juicio del juez, al imponer las penas señaladas en las tres primeras fracciones del artículo 519.

Art. 527. Si por razón de ser más de una las heridas, resultaren los efectos que enumera el artículo precedente, además de la pena que corresponda, conforme á los artículos anteriores, se considerará dicho mayor número de heridas como circunstancia agravante, en los términos prevenidos en el mismo artículo que antecede.

Art. 528 Cuando las lesiones de que se ha hablado en los artículos anteriores hayan sido inferidas en riña de más de tres personas, se observarán las reglas siguientes.

I. Si el herido recibió una sola herida y se ignorare quien la infirió, serán castigados con la mi tad de la pena que se establece en dichos articulos, todos los agresores que hayan atacado al herido con armas á propósito para causar la lesion

II. Cuando se infieran varias heridas y conste quiénes hirieron, sufrirán éstos la pena que se establece en los arts 519 á 523 disminuida en una tercia parte. Si no constare quienes hirieron, todos los agresores serán castigados en los términos de la fraccion 1ª teniendo en cuenta además en su caso el art 526.

III. Cuando en la averiguacion no se compro bare que los agresores hicieron uso de armas ade cuadas para causar la lesion ó lesiones que se en cuentren después de la riña, en el cuerpo del he rido, se les impondrá sin embargo, la pena esta blecida en los artículos correspondientes, según la calidad y naturaleza de las lesiones disminuida en dos tercias partes.

Art. 529. Las lesiones causadas por un cónyu ge en el caso del art 549 no se castigan.

Art. 530. Tampoco se castigarán las lesiones causadas por un padre en el caso del mismo artículo 549.

CAPITULO IV.

Lesiones calificadas.

Art. 531. Son calificadas las lesiones: cuando se efectúan con premeditacion, con ventaja, con alevosia ó á traicion.

Art. 532. Como consecuencia del artículo anterior aunque el autor de las lesiones haya procurado obrar con alevosia ó á traicion; no se tendrán por esto como calificadas cuando el ofendido se halle apercibido para defenderse ó tenga tiempo de hacerlo; pero en tal caso se tendrán aquellas circunstancias como agravantes de cuarta ase.

Art. 533. Las lesiones causadas intencionalmente por envenenamiento, se castigarán como premeditadas.

Art. 534. El término medio de la pena en las lesiones calificadas será el que le corresponderia si aquellas fueran simples aumentando en una ter cia parte; pero en ningun caso podrá exceder de diez años.

Cuando concurran dos ó más de las cuatro cir cunstancias enumeradas en el art 531, una de ellas calificará la lesion y las otras se tendrán como agravantes de cuarta clase.

CAPÍTULO V.

Homicidio.

Reglas Generales.

Art. 535. Es homicida: el que priva de la vida á otro, sea cual fuere el medio de que se valga.

Art. 536. Todo homicidio, á excepcion del casual, es punible cuando se ejecuta sin derecho.

Art. 537. Homicidio casual es: el que resul

ta de un hecho ú omision, que causan la muerte sin intencion ni culpa alguna del homicida.

Arj. 538. Para calificar si un homicidio se ha ejecutado con premeditacion, con ventaja, con alevosía, ó á traicion, se observarán las reglas contenidas en los artículos 507 á 511.

Ait. 539. Para la imposicion de la pena no se tendrá como mortal una lesion sino cuando se verifiquen las tres circunstancias siguientes:

I. Que la lesion produzca por sí sola y directamente la muerte; ó que aun cuando ésta resulte de causa distinta, esa causa sea desarrollada por la lesion ó efecto necesario ó inmediato de ella.

II. Que la muerte se verifique dentro de sesenta dias contados desde el dia de la lesion.

III. Que despuéa de hacer la autopsía del cadaver, declaren dos peritos que la lesion fué mortal, sujetándose para ello á las reglas contenidas en este artículo y en los dos siguientes.

Art. 540. Siempre que se verifiquen las tres circunstancias del artículo anterior, se tendrá como mortal una lesion aunque se pruebe: que se habría evitado la muerte con auxilios oportúnos; que la lesion no habría sido mortal en otra persona; ó que lo fué á causa de la constitucion física de la víctima, ó de las circunstancias en que recibió la lesion.

Art. 541. Como consecuencia de las declaraciones que preceden, no se tendrá como mortal una lesion, aunque muera el que la recibió, cuando la muerte sea resultado de una causa que ya existía y que no sea desarroyada por la lesion, ni cuando esta se haya vuelto mortal por una causa posterior á ella, como la aplicacion de medicamentos positivamente nocivos, operaciones quirúrjicas desgraciadas, ó excesos ó imprudencias del paciente ó de los que lo asistan.

Art. 542. No se podrá sentenciar ninguna causa sobre homicidio, sino despues de pasados los sesenta dias de que habla la fraccion 2ª del art 539, á no ser que ántes fallezca el ofendido.

Art. 543. Si el ofendido no falleciere dentro de los sesenta dias susodichos, pero sí antes de la sentencia, se impondrá al reo la pena de homicidio frustrado, si constare que la lesion fué rtal.

Art. 544. En todo caso de homicicio en que
no se imponga la pena capital, se podrá aplicar
lo prevenido en el art. 516,

CAPITULO VI.

Homicidio simple.

Art. 545. Se da el nombre de homicidio simple: al que no es premeditado, ni se ejecuta con
veutaja, con alevosía ó á traicion.

Art. 546. El homicidio cometido por culpa
se castigará con arreglo á lo prevenido en los a,
tículos 186 á 188,

Art. 547. Se impondrán diez años de prision
por el homicidio Intencional simple:

I. Cuando lo cometa el homicida en un descendiente suyo, sabiendo que lo es, excepto en
el caso del art. 550.

II. Cuando lo cometa en su cónyuge, exepto en el caso del artículo 549.

III. Cuando lo ejecute sin causa alguna y solo por una brutal ferocidad.

Art. 548. Se impondrán ocho años de prisión, en los casos no comprendidos en el precedente artículo, si el homicidio se ejecutare en riña por el agresor.

Por riña se entiende: la contienda de obra y no de palabra, entre dos ó más personas.

Art. 549. No se impondrá pena alguna al que sorprendiendo á su cónyuge en momentos de cometer un adulterio ó en un acto próximo á su consumación, matare á cualquiera de los adúlteros ó á los dos; ni al padre que matare al corruptor de una hija suya que viva en su compañía ó esté bajo su potestad, si lo hiciere en los momentos de hallarlos en el acto carnal ó en uno próximo á él.

Art. 550. Se impondrán cinco años de prisión al padre que en el caso del artículo anterior matare á la hija.

Art. 551. Cuando el el padre ó cónyuge hayan procurado, facilitado ó disimulado el adulterio, ó lac orrupción de la hija con el varon con quien las sorprendan ó con otro, quedarán sujetos á las reglas comunes del homicidio.

Art. 552. Cuando alguno cause involuntariamente la muerte de una persona á quien solamente se proponga inferir una lesión que no sea mortal se le impondrá la pena que corresponda al homicidió simple con arreglo á los artículos que preceden; pero disminuida por falta de intención, que se tendrá cómo circunstancia atenuante de cuarta clase, menos en los casos que exceptúa la frac ción 10ª del artículo 42.

Art. 553. Cuando el homicidio se verifique en una riña de tres ó más personas, se observarán las reglas siguientes:

I. Si la victima recibiere una sola herida mortal, y constare quien la infirió, solo éste será castigado como homicida.

Si no constare quien fué el heridor, todos los que hayan agredido al occiso con armas á propósito para inferir la herida mortal, serán castigados con la pena de cuatro años de prisión.

II. Cuando se infieran varias heridas, todas mortales, y constare quienes fueron los heridores, rodos serán castigados como homicidas.

Pero si no se justificare quiénes hirieron, serán castigados con cinco años de prisión todos los agresores que se acredite haber hecho uso de armas adecuadas para inferir las heridas que causaron la muerte.

III. Cuando sean varias las heridas unas mortales y otras nó y se ignore quienes infirieron las primeras, pero que conste quiénes hirieron, sufrirán todos la pena de seis años de prisión, excepto aquellos que justifiquen haber dado solo las segundas.

A estos últimos se les impondrá la pena que corresponda por las heridas que infirieron.

Si se ignorare quiénes hirieron, se les impondrá á todos los agresores la misma pena y en los mismos términos de que habla el aparte de la fraccion 2ª

IV. Cuando las heridas no sean mortales sino por su número y no se pueda averiguar quiénes las infirieron, se castigará con tres años de prin á todos los que hayan atacado al occiso con armas á propósito para inferir las heridas que aquel recibió.

V. Cuando en los casos de las fracciones anteriores no se descubriere quiénes usaron de armas á propósito para causar las heridas que se encontraren en el cuerpo del occiso, todos los agresores serán castigados con la pena de uno á dos años de prision.

Art. 554. El que dé muerte á otro con voluntad de éste y por su órden, será castigado cen seis años de prision.

Cuando solamente lo provoque al suicidio ó le proporcione los medios de ejecutario, sufrirá de uno á cuatro años de prision si se verifica el delito. En caso contrario, se castigará con arresto mayor.

CAPITULO VII.

Homicidio calificado.

Art. 555. Llámase homicidio calificado el que se comete con premeditacion, con ventaja ó con alevosia y el proditorio que es el que se ejecuta á traicion.

Art. 556. El homicidio intencional se castigará con la pena capital en los casos siguientes:

I. Cuando se ejecute con premeditacion y fuera de riña.

Si hubiere ésta, la pena será de diez años.

II. Cuando se ejecute con ventaja tal que no corra el homicida riesgo alguno de ser muerto ni herido por su adversario y aquel no obre en legitima defensa.

III. Cuando se ejecute con alevosía.

IV. Cuando se ejecute á traicion.

Art. 557. Se castigará como premeditado todo homicidio que se cometa intencionalmente por medio de un veneno, esto es aplicando ó administrando de cualquiera manera sustancias que aun que lentamente sean capaces de quitar la vida.

Art. 558. También se castigará como premeditado el homicidio que se cometa dejando intencionalmente abandonado, para que perezca por falta de socorro, á un niño menor de siete años ó á cualquiera persona enferma, que estén confiados al cuidado del homicida.

Art. 559. La excepcion de que habla el art. 549 no tendrá lugar cuando los homicidios de que en dicho artículo se trata fueren cometidos con premeditacion, pues en tal caso se aplicarán al homicida cinco años de prision, y al padre que en el caso del art. 550 matare á la hija, con la misma circunstancia de premeditacion, se le impondrán ocho años de la misma pena.

Art. 560. Cuando obre en legítima defensa el que tiene la ventaja y no corre riesgo su vida por no aprovecharse de ella, se le impondrá la pena que corresponda al exceso en la defensa, con arreglo á los artículos 186 á 188.

Art 561. Cuando la ventaja no tenga los requisitos expresados en la fraccion 2ª del art. 556, se tendrá sólo como circunstanstancia agravante de primera, segunda, tercera ó cuarta clase, segun su gravedad, á juicio del juez

CAPITULO VIII.

Parricidio.

Art. 562. Se da el nombre de parricidio: al homicidio del padre, de la madre ó de cualquiera otro ascendiente del homicida, sean legítimos ó naturales.

Art. 563. La pena del parricidio intencional será la de muerte, aunque no se ejecute con premeditacion, ventaja ó alevosía, ni á traicion; si el parricida comete el delito sabiendo el parentesco que tiene con su víctima.

CAPITULO IX.

Aborto.

Art. 564. Llámase aborto en derecho penal: á la extracción del producto de la concepción, y á su expulsion provocada por cualquier medio, sea cualfuere la época de la preñez, siempre que esto se haga sin necesidad.

Cuando ha comenzado ya el octavo mes del embarazo se le dará tambien el nombre de parto prematuro artificial; pero se castiga con las mismas penas que el aborto.

Art. 565. Solo se tendrá como necesario un aborto: cuando de no efectuarse corra la mujer embarazada peligro de morirse, á juicio del médico que la asista oyendo el dictámen de otro médico, siempre que esto fuere posible y no sea peligrosa la demora.

Art. 566. El aborto zolo se castigará cuando se haya consumado.

Art. 567. El aborto causado por culpa solo de la mujer embarazada no es punible.

El causado por otra persona, solamente se castigará si aquella fuere grave, y con las penas señaladas en los artículos 186 á 188; á menos que el delincuente sea médico, cirujano, comadron ó partera, pues en tal caso se tendrá esa circunstancia como agravante de cuarta clase, y se suspenderá al reo en el ejercicio de su profesion por un año.

Art. 568. El aborto intencional se castigará con dos años de prision, cuando la madre lo procure voluntariamente ó consienta en que otro la haga abortar, si concurren estas tres circunstancias:

I. Que no tenga mala fama.

II. Que halla logrado ocultar su embarazo.

III. Que éste sea fruto de una union legítima.

Art. 569. Si faltaren las circunstancias prime

ra y segunda del artículo anterior, ó ambas, se aumentará un año mas de prision por cada una de ellas.

Si faltare la tercera por ser el embarazo fruto de matrimonio, la pena será de cinco años de prision, concurran ó no las otras dos circunstancias.

Art. 570. El que sin violencia física ni moral hiciere abortar á una mujer, sufrirá cuatro años de prision, sea cual fuere el medio que empleare, y aunque lo haga con consentimiento de aquella.

Art. 571. El que cause el aborto por medio de violencia física ó moral, sufrirá seis años de prision si previó ó devió preveer ese resultado. En caso contrario, se le impondrán cuatro años de prision.

Art. 572. Las penas de que hablan los artículos anteriores se reducirán á la mitad:

I. Cuando se pruebe que el feto estaba ya muerto cuando se emplearon los medios de ejecutar el aborto.

II. Cuando éste se verifique salvándose la vida de la madre y del hijo.

Art 573. Si los medios que alguno emplea.

re para hacer abortar una mujer, causaren la muerte de ésta, se castigará al culpable según las reglas de acumulacion, si hubiere tenido In tension de cometer los dos delitos, ó previó ó de bió preveer ese resultado.

En caso contrario, la falta de estas tres cir cunstancias se tendrá como atenuante de cuar ta clase de un homicidio simple, conforme á la fraccion 10ª. del art. 42

Art. 574. Si el que hiciere abortar intencio-nalmente á una mujer, en los casos de los artícu los 570 y 571, fuere médico, cirujano, comadron, partera ó boticario, se le impondrán las penas que aquellos señalan, aumentadas en una cuarta parte.

En el caso del art. 573, se le impondrá la pe-na capital; y la de ocho años de prision en el de la fraccion única de dicho artículo.

Art. 575. En todo caso de aborto intencio-nal, si el reo fuere alguna de las personas men-cionadas en el artículo anterior, quedará inhabi-litado perpetuamente para ejercer su profesion, y así se expresará en la sentencia.

CAPITULO X.

Infanticidio.

Art 576. Llámase infanticdiio: la muerte causada á un infante en el momento de su nacimiento ó dentro de las setenta y dos horas siguientes.

Art. 577. El infanticidio por culpa, se castigará conforme á las reglas establecidas en los arts 186 1 188; pero si al reo fuere médico, cirujano comadrón ó partera, se tendrá esta circunstancia como agravante de cuarta clase.

Art. 578 El infanticidio intencional, sea causado porun hecho ó por una omisión se castigará con las penas que establecen los artículos siguientes.

Art. 579 La pena será de cuatro años de prisión, cuando lo cometa la madre con el fin de ocultar su deshonra y concurran además estas cuatro circunstancias:

I. Que no tenga mala fama.

II. Que haya ocultado su embarazo.

III Que el nacimiento del infante haya sido oculto y no se haya inscrito en el registro civil:

IV. Que el infante no sea hijo legítimo·

Art. 580. Cuando en el caso del artículo anterior no concurran las tres primeras circustancias que en él se exijen, se aumentará por cada una de las que falten, un año más de prisión á os cuatro que dicho artículo señala.

Pero si faltare la cuarta, esto es; si el infante no fuere legítimo, se impondrán en todo caso seis años de prisión á la madre infanticida, concurran ó no las otras tres circunstancias.

Art 581. Cuando no sea la madre la que cometa el infanticídio, se impondrán en todo ca seis años de prisión al reo, á menos que éste sea médico, comadrón partera ó boticario y como tal cometa el infanticidio; pues entonces se aumentará un año á los seis susodichos, y se le declarará inhabilitado perpetuamente para ejercer su profesión.

CAPITULO XI.

Duelo.

Art. 582. Siempre que la autoridad política ó cualqniera de los jueces de lo criminal tengan noticia de que alguno va á desafiar, ó ha desafiado á otro á un combate con armas mortíferas, harán comparecer sin demora, ante sí, al desafiador y al desafiado, aunque todavia no esté aceptado el duelo y los amonestarán para que bajo palabra de honor protesten solemnemente desistir de su empeño. Además procurarán avenirlos, exitando para esto al desafiado á que dé á su adversario una explicación satisfactoria y decorosa á juicio del juez ó de la autoridad política.

Art. 583. Cuando el reto se haya hecho ya, se impondrá por toda pena una multa de veinte á trescientos pesos al desafiador, y de diez á cien to ochenta al desafiado que hubiere aceptado el desafío, con apercibimiento á entreambos, de que si faltaren al compromiso de que habla el artículo que precede se le aplicará el art 587.

Cuando el reto no se haya hecho todavia no se impondrá pena alguna y se hará lo prevenido en el artículo anterior.

Art. 584. Si el desafiador ó el desafiado se ne garen á hacer la protesta ó el segundo resistiere dar una explicacion decorosa y bastante á juicio de la autoridad política ó del juez que tome cono cimiento, se castigará al renuente con la pena de confinamiento de tres á seis meses y multa de cien á doscientos pesos.

Art. 585. En el caso del art 582 se levantará

una acta que firmarán el desafiador y el desafiado y si la autoridad que tomó conocimiento fuere la política, se sacará copia del acta y remitirá al juez competente, si las partes se negaren á hacer la promesa para que les aplique la pena del artículo anterior.

También se dará copia al desafiador para que la publique si quisiere en caso de avenimiento, ó para que no habiéndolo, pueda demandar á su ofensor por la ofensa.

Art. 586. No se impondrá pena alguna al desafiador ni al desafiado cuando antes de ser llamados por la autoridad hayan desistido espontánea mente del duelo aunque el desistimiento se verifique en el lugar del combate, si esto se acredita re plenamente. Pero aun en ese caso los hará comparecer ante sí la autoridad política ó la judicial para que ratifiquen su desistimiento y hagan ante ella la promesa de que habla el art 582.

Art. 587. Si los responsables faltaren al compromiso de que se trata en el artículo que precede y en el 582 serán castigados con las penas si guientes;

I. De seis á nueve meses de arresto y multa de doscientos á trescientos pesos el que desafié de nuevo.

II. Con cuatro á seis meses de arresto y multa de cien á doscientos pesos el que acepte el duelo.

Art. 588. Las penas de que se habla en el artículo anterior se aumentarán en una cuarta parte, si se pusiere por condicion que el duelo sea á muerte ó cuando la clase de combate que se elija dé á conocer que esa fué la intencion.

Art. 589. No obstante lo prevenido en los artículos anteriores, sufrirá el desafiado las mismas penas que el desafiador, cuando á juicio del juez haya motivo para creer que, al ofender el primero al segundo, lo hizo con el fin de que éste lo desafiara.

Art. 590. El que en un duelo no haya hecho uso de sus armas, pudiendo, será castigado con la pena de tres á seis meses de confinamiento y multa de cien á doscientos pesos.

Art. 591. Al desafiador que en un duelo haga uso de sus armas, se le impondrá de tres

seis meses de arresto y multa de cien á trescien
tos pesos, si no resultare muerte ni herida algu
na del combate.

Art. 59. Cuando el desafiador hiera á su adversario, se le impondrán:

I. De seis á nueve meses de arresto y multa
de cien á doscientos pesos, si la herida no cause
re imposibilidad de trabajar por más de treinta
dias.

II. De ocho á doce meses de arresto y multa
de ciento cincuenta á trescientos pesos; cuando
la imposibilidad de trabajar pasare de treinta dias
y sea temporal.

III. Dos años de prision y multa de doscientos á cuatrocientos pesos, cuando la herida cause alguno de los daños enumerados en la fraccion 3ª del art. 521.

IV. Con dos años y medio de prision y multa
de trescientos á seiscientos pesos, cuando de la
herida resulte alguno de los daños mencionados
en los artículos 522 y 523.

V. Con cinco años de prision y multa de cua
trocientos pesos, cuando el desafiador mate al de

safiado, si no se pactó que el duelo fuera á muerte.

Cuando preceda ese pacto, la pena será de seis años de prisiony multa de quinientos á mil pesos.

Art 593. La pena del desafiado será la misma que la del desafiador:

I. Cuando aquel haya dado causa á que lo desafien en los términos que explica el art. 599.

II. Cuando no haya querido dar una explicaclon decorosa de su ofensa.

III. Cuando se halle en los casos de los arts. 596 y 597. En cualquiera otro caso, se reducirá la pena á las dos tercias partes.

Art. 594. El que salga herido no se librará por esto de las penas que, con arreglo á las prevenciones de este capítulo, deban imponérsele como desafiador ó desafiado.

Art. 595. No se aplicarán las penas señaladas en este capítulo, sino las estblecidas para le siones y homicidio, à los que se hallen en los casos siguientes.

I. Cuando el que desafie lo haga por interés uniario, ó con algun objeto inmortal.

II. Cuando uno de los combatientes falte, de cualquier modo, á lo que la lealtad exije en tales casos, y por esa causa quede muerto ó herido su adversario.

III. Cuando, en caso de combate, se aproveche uno de los combatientes de alguna ventaja que no se pudo pensar concederle al ajustarse el duelo, aunque en esto no quebrante abiertamente la fraccion anterior.

IV, Cuando el duelo se verifique sin la asistencia de dos ó mas padrinos mayores de edad, por cada parte, ó sin que éstos hayan elegido las armas y arreglado á las condiciones

V. Cuando se desafie á un funcionario público, por un acto ejecutado en el ejercicio de sus funciones; pero esto se entiende respecto del desafiador.

Art. 596. El que en un duelo hiera ó mate á su adversario, estando éste caído ó desarmado, ó cuando no pueda ya defenderse por cualquiera otra causa, será castigado como heridor ú homicida con premeditacion, con ventaja y fuera de riña.

Esa misma pena se aplicará al que dé muerte á su adversario en un duelo cuyas condiciones sean tales que no haya combate, y que uno de los combatientes pueda matar al otro sin peligro alguno de su parte, como cuando se sortean entre ellos dos pistolas, una cargada con bala y otra sin ella.

Art. 597. Cuando el duelo se verifique después de haber hecho los responsables la promesa de que habla el art. 582, se aumentará en en una cuarta parte la pena que corresponda:

Arj. 598. El que excite á otro ó lo comprometa de cualquier modo á que provoque ó admita un duelo, y el que públicamente le hiciere alguna demostracion de desprecio, ó se burlare de él por no haber provocado ó admitido, será castigado con la pena de uno á tres meses de arresto y multa de cien á doscientos pesos, cuando no se haya verificado el desafio.

Si este se verificare, se duplicará la pena.

Art. 599. Los padrinos ó testigos estarán exentos de toda pena, cuando el duelo no llegue á verificarse.

Cuando se verifique, se les impondrá las penas siguientes:

I. La de uno á tres meses de confinamiento y multa de veinticinco á cien pesos si no resultare muerte ni lesion alguna.

II. Cuando resulte muerte ó lesion, se les impondrá en los respectivos casos la octava parte de las penas señaladas en el art 592, si aquellos hubieren hecho cuanto estaba de su parte para conciliar los ánimos ó evitar el duelo y hubieren concertado éste bajo condiciones que en lo posible sean las menos peligrosas para los combatientes.

Faltando estos requisitos, serán castigados como cómplices.

III. Cuando resulte muerte ó lesion, en un duelo que los padrinos hubieren concertado con ventaja conocida para uno de los combatientes ó se la hubieren procurado en el acto del combate ó al verificarse éste hubieren contribuido á la muerte ó herida con algun acto de alevosía ó deslealtad, serán castigados como autores con las penas que señalan los arts 595 y 596.

Art. 600. Cuando un padrino ocupe el lugar de

alguno de los combatientes y combata con el otro, se castigará como si fuera el desafiador.

Art. 601. Cuando un padrino sea examinado judicialmente sobre el duelo en que intervino y faltare á la verdad sobre hechos ajenos, se tendrá esta circunstancia como agravante de cuarta clase.

Art. 602. Son circunstancias atenuantes respecto del desafiador:

I. Haber sido excitado ó comprometido á desafiar á otro, por cualquiera de los medios que menciona el art. 598.

II. No haberle dado al desafiado explicacion satisfactoria de la ofensa, ni ante la autoridad ni en lo privado,

III. Ser la ofensa de gravedad.

IV. Haber sido inferida públicamente, ó delante de personas sobre quienes ejerce autoridad el ofendido.

Art. 603. Son circunstancias atenuantes respecto del desafiado:

I. Haber dado ante la autoridad, ó privadamente, una explicacion satisfactoria al que lo desafió;

II. Haber sido excitado ó comprometido á aceptar el duelo, por alguno de los medios de que habla el art. 598.

Art. 604. Son circunstancias agravantes para el desafiador y el desafiado:

I. Proponer que el duelo sea á muerte.

II. Exigir alguno de los combatientes condiciones tales, que sea probable que alguno de los dos quede muerto ó herido. Pero si se pusiere una condicion que debe dar por resultado seguro la muerte de alguno de ellos, se aplicará lo prevenido en el párrafo único de la fraccion 5ª. del art. 592.

III. Haber gran diferencia entre los combatientes, en cuanto al manejo de las armas, Esto se entiende del que tenga mayor destreza y conozca la inferioridad de su adversario.

Art. 605. Las circunstancias de que hablan los tres artículos que preceden, se tendrán como de primera, segunda, tercera ó cuarta clase, segun lo creyere justo el juez en cada caso.

Art. 606. Los médicos ó cirujanos que con el carácter de tales asistan á un duelo, serán castigados con una multa de cincuenta pesos á trescientos.

Art. 607. La autoridad política y el juez de lo criminal que no cumplieren lo prevenido en los artículos 582, 583 y 585, serán castigados con la pena de suspensión de empleo de seis á doce meses.

Art. 608. El juez que no impusiere las penas señaladas en los artículos 584, 587, 588, 590, 591 y 606 sufrirá la pena de suspensión de empleo y sueldo por un año.

Los jueces que infrinjan cualquiera de los otros artículos de este capítulo, serán castigados con la pena de destitución de empleo y multa de doscientos á quinientos pesos.

CAPITULO XII.

Exposición y abandono de niños y de enfermos.

Art. 609. El que exponga ó abandone á un niño que no pase de siete años, en lugar no solitario y en que la vida del niño no corra peligro sufrirá la pena de arresto mayor.

Art. 610. Si el delito de que habla el artículo anterior lo cometieren los padres, ú otro ascendiente legítimo ó natural del niño, ó una persona á quien éste haya sido confiado, se impondrán diez y ocho meses de prisión.

Además si el reo fuere el padre, la madre ú

otro ascendiente del expósito, perderá todo derecho á los bienes de éste y la patria potestad.

Art. 611. Cuando á consecuencia de la exposicion ó abandono del niño, sufra este alguna le
sion ó la muerte, se imputará este resultado al
reo como delito de culpa, y se observarán las re
glas de acumulacion, exceptuándose los casos de
que habla la fracción 1ª del artículo 10, pues en
tonces se aplicará la pena que corresponda al de
lito intencional.

Art. 612. La exposición ó abondono de un ni
ño en lugar solitario ó en que corra peligro su
vida, se castigará con dos años de prision, cuan
do no resulte al niño daño alguno, y el reo no
sea ascendiente suyo legítimo ó natural ó la persona á quien estaba confiado, Siéndolo, la pena
será de tres años de prisión.

Además cuando el reo sea padre, ó madre ú
otro ascendiente del ofendido, quedará privado
de todo derecho á los bienes de éste y á la patria potestad.

Art. 613. Si de la exposicion ó abandono, en
el caso del artículo anterior, resultare al niño una

lesion ó la muerte se observará lo prevenido en el artículo 611·

Art. 614. Los padres, tutores ó preceptores que por cualquier motivo entregaren sus hijos pu pilos ó discípulos menores de diez y seis años á gentes perdidas, sabiendo que lo son, ó los de dicaren á la vagancia ó á la mendicidad, sufrirán la pena de arresto mayor.

Art. 615. La exposicion ó abandono de una persona enfeima por el que la tiene á su cargo, y cuya vida corra peligro por falta de auxilio, se castigará en los casos de los artículos 611 á 613 con las penas que ellos señalan.

Art. 616. El que encuentre abandonado en cualquier lugar á un niño recien nacido, ó en lu gar solitario á un menor de siete años, será cas tigado con la pena de uno á cuatro meses de arresto, si dentro de tres dias no los presentare à un juez del estado civil en el primer caso, ó á la autoridod política más inmediata en el segundo.

Art. 617. Se castigará con la pena de arresto menor ó multa de veinte á cien pesos, al que en contrare una persona enferma y expuesta á pere cer, ó á sufrir un grave daño por falta de aux lio, si pudiendo no se lo proporcionare ni diere parte á la autoridad para que se lo proporcione.

Art. 618. El que exponga én una casa de expósitos á un niño menor de siete años, que se le hubiere confiado ó lo entregue en otro establecimiento de beneficencia ó á cualquiera otra persona, sin anuencia de la que se lo confió ó de la autoridad en su defecto, sufrirá la pena de uno á seis meses de arresto.

Art 619. Si el padre ó la madre de un niño menor de siete años, ú otro ascendiente suyo que lo tenga en su poder, lo expusiere en una casa de expósitos, no se les impondrá otra pena que la de perder por ese mismo hecho y sin necesidad de declaracion judicial, la patria potestad sobre el expósito y todo derecho á los bienes de éste.

CAPITULO XIII.

Plagio.

Art. 620. El delito de plagio se comete: apoderándose de otro, por medio de violencia, de amagos, de amenazas, de la seduccion ó del engaño:

I. Para venderlo: ponerlo contra su voluntad al servicio público ó de un particular en un país extranjero: engancharlo en el ejército de otra nacion, ó disponer de él á su arbitrio de cualquiere otro modo.

II. Para obligarlo á pagar rescate: á entregai

alguna cosa mueble: á extender, entregar ó firmar un documento que importe obligacion ó liberacion ó que contenga alguna disposicion que pueda causarle daño ó perjuicio en sus intereses, ó en los de un tercero; ó para obligar á otro á que ejecute alguno de los actos mencionados.

Art. 621. El plagio se castigará como tal, aun que el plagiario obre de consentimiento con el ofendido, si éste no ha cumplido diez y seis años. Cuando pase de esta edad y no llegue á los vein tiuno, se impodrá al plagiario la mitad de la pena que se le aplicaría si obrara contra la voluntad del ofendido.

Art. 622. El plagio ejecutado en camino público se castigará con las penas siguientes:

I. Con cuatro años de prision cuando antes de ser perseguido el plagiario y de todo procedimiento judicial en averiguacion del delito ponga espontáneamente en absoluta libertad al plagiado, sin haberle obligado á ejecutar ninguno de los actos que expresa el art 620, ni haberle dado tormento ó maltratado gravemente de obra ni causándole daño alguno en su persona.

II. Con ocho años de prision cuando la soltu ra se verifique con los requisitos indicados en la fraccion anterior, pero después de haber comenza do la persecucion del delincuente ó la averigua cion judicial del delito.

III. Con diez años de prision si la soltura se verificare con los requisitos de la fraccion 1ª, pe ro después de la aprehension del delincuente.

IV. Con la pena capital en los casos no com prendidos en las fracciones anteriores.

Art. 623. El plagio que no se ejecute en cami no público se castigará con las penas siguientes:

I. Con tres años de prision en el caso de la frac cion 1ª del artículo anterior.

II. Con cinco en el de la fraccion 2ª

III. Con ocho en el de la fraccion 3ª

IV. Con diez cuando después de la aprehen sion del plagiario y antes de que se pronuncie contra él sentencia definitiva ponga en libertad al plagiado, si no le hubiere dado tormento ó mal tratado de otro modo, pero cuando falte algu- no de estos requisitos ó la persona plagiada r mujer ó menor de diez años ó fallezca antes de recobrar su libertad, se tendrán estas circunstan cias como agravantes de cuarta clase.

Art. 624. En el caso de que habla la fraccion última del artículo anterior, no podrá el reo go zar del beneficio que concede el art 73 síno hasta que haya tenido de buena conducta el tiempo que dicho artículo señala contado desde el dia en que el plagiado esté en absoluta libertad.

Si no estuviere libre el plagiado al espirar la condena del que lo plagió quedará sujeto á la re tencion de que hablan los arts 71 y 72.

Este artículo se leerá á los plagiarios al notifi carles la sentencia y así se prevendrá en ella.

Art. 625. En todos los casos de que hablan los artículos anteriores en que no esté señalada la pe na capital, se tendrán como circunstancias agra vantes de primera, segunda, tercera ó cuarta cla se á juicio del juez:

I Que el plagiario deje pasar dos ó tres dias sin poner en libertad al plagiado.

II, El haberle maltratado de obra.

III. Haber causado daños ó perjuicios.

Art. 626. Todo plagiario que no sea condena
do á muerte, además de la pena corporal, queda
rá inhabilitado perpetuamente para toda clase
de cargos, empleos ù honores, y sujeto á la vigi
lancia de segunda clase, sin perjuicio de aplicar-
le las agravaciones que el juez estime justas con
arreglo al art. 93.

CAPITULO XIV.

Atentados cometidos por particulares contra la libertad individual.—Allanamiento de morada.

Art. 627. Los dueños de panaderías, obrajes ó fábricas y cualquiera otro particular que sin órden de la autoridad competente, y fuera de los casos permitidos por la ley, arreste ó detenga á otro en una cárcel privada ó en otro lugar, serán castigados con las penas siguientes:

I. Con arresto de uno á seis meses y multa de

diez á cien pesos, cuando el arresto ó detencion duren menos de diez dias.

II. Con un año de prision y multa de veinte á trescientos pesos, cuando el arresto ó la detencion duren más de diez dias y no pasen de treinta.

III. Cuando el arresto ó la detencion pasen de treinta dias, se impondrá una multa de veinticinco á quinientos pesos y un año de prision, aumentado con un mes más por cada dia de exceso.

Art. 268. Cuando el reo ejecute la prision ó detencion suponiéndose autoridad pública, ó por medio de una órden falsa ó supuesta de la autoridad, ó fingiéndose agente de ella, ó usando el distintivo de tal, ó amenazando gravemente al ofendido, se le impondrá una multa de cincuenta á seiscientos pesos y tres años de prision, que se aumentará en los términos y casos que expresa la fraccion 3ª del artículo anterior.

Art. 629. Cuando se dé tormento á la persona arrestada ó detenida, ó se le maltráte gravemente de obra, se aumentarán dos años á las penas señaladas en los dos artículos que preceden.

En los casos de este artículo y de los dos pre

cedentes, el término medio de la prision nunca pasará de seis años.

Art. 630. En los casos comprendidos en los tres artículos anteriores, se aplicará lo prevenido en el art. 624.

Art. 631. Se impondrá de uno á dos años de prision al que, sin órden de autoridad competente y fuera de los casos en que la ley lo permita, se introduzca á una casa, vivienda ó aposento habitados ó destinados para habitacion ó á sus dependencias; ya sea por medio de violencia física, de amagos ó amenazas; ó ya por medio de fractura; horadacion, excavacion ó escalamiento, ó de llaves falsas.

Art. 632. Se impondrán de dos á tres años de prision, cuando el allanamiento de morada se ejecute con las circunstancias de que habla el artículo 628, ó de noche, ó estando armado el reo, ó por dos ó más personas.

Art 633. Aunque el allanamiento no llegue á consumarse, se impondrá la pena de arresto mayor, si hubiere fractura, horadacion, excavacion escalamiento, ó se abriere alguna cerradura.

Art. 684. El que, sin las circunstancias que se mencionan al fin del art. 631, se introduzca sin voluntad del que lo ocupa, á un lugar habitado ó destinado á habitacion, sufrirá la pena de arresto mayor si se le encuentra allí de noche.

TITULO III.

Delitos contra la reputación.

CAPITULO I.

Injuria.--Difamacion.--Calumnia extrajudicial.

Art. 635. Injuria es toda expresion proferida y toda accion ejecutada para manifestarle á otro desprecio, ó con el fin de hacerle una ofensa.

Art. 636. La difamación consiste: en comunicar dolosamente á una ó más personas, la imputación que se hace á otro de un hecho cierto ó falso, determinado ó indeterminado, que pueda causarle deshonra o descrédito, ó exponerlo al desprecio de alguno.

Art. 637 La injuria y la difamacion toman el nombre de calumnia: cuando consisten en la imputación de un hecho determinado y calificado como delito por la ley, si este hecho es falso, ó es inocente la persona á quien se imputa.

Art 638. La injuria, la difamación y la calumnia, son punibles, sea cual fuere el medio que se emplee para cometer esos delitos, pero quedarán sujetos los responsables á las penas y tribunales que establecen la ley orgánica de las adiciones y reformas constitucionales, expedida el 14 de Diciembre de 1874, y la de imprenta, en los casos que ellas mencionan.

Art. 639 La injuria se castigará:

I. Con solo multa de primera clase, con arresto de ocho dias á seis meses, ó con éste y una multa de diez á cien pesos, según su gravedad á juicio del Juez, exceptuándose el caso de la fracción siguiente.

II. Con la pena de seis meses de arresto á un año de prisión, y multa de cien á quinientos pesos, cuando la injuria sea de las que causen afrenta ante la opinión pública, ó consista en una imputación que pueda perjudicar considerablemente la honra, la fama ó el interés del injuriado, ó exponerlo al desprecio publico.

Art. 640. La difamación se castigará:

I. Con multa de diez á cien pesos, y arresto de ocho dias á seis meses, segun su gravedad excepto en el caso de la fracción siguiente.

II. Con la pena de seis meses de arresto á dos años de prisión y multa de ciucuenta á doscientos pesos, cuando se impute un delito, ó algún hecho ó vicio que causen al ofendido deshonra ó perjuicios graves.

Art. 641. Siempre que la injuria ó difamación se hagan de un modo encubierto ó en términos equívocos, y el reo se niegue á dar una explicación satisfactoria á juicio del juez, será castigado con la pena que corresponda á la injuria ó á la difamación, como si el delito se hubiera cometido sin esas circunstancias.

Art. 642. No se castigará como reo de difama
cion ni de injuria:

I. Al que manifieste su parecer sobre alguna
produccion literaria, artística ó industrial, si no
se excediere de los límites de una discusion racional y decente.

II. Al que manifestare su juicio sobre la ca-
pacidad, instruccion, aptitud ó conducta de otro,
si probare que obró en cumplimiento de un deber, ó por interés público, ó que, con la debida
reserva lo hizo por humanidad, por prestar un
servicio á persona con quien tenga parentesco ó
amistad, ó dando informes que se le hayan pedido, si no lo hiciere á sabiendas calumniosamente.

III. Al autor de un escrito presentado ó de
un discurso pronunciado en los tribunales; pues
si hiciere uso de alguna expresion difamatoria ó
injuriosa, lo castigarán los jueces, segun la gravedad del delito, con alguna pena disciplinaria
de las que permita el Código de procedimientos.

Art. 643. Lo prevenido en la fraccion última
del artículo anterior, no comprende el caso en
que la imputacion sea calumniosa, ó se extienda

á personas extrañas al litigio, ó envuelva hechos
que no tengan relacion necesaria con el negocio
de que se trate. Si así fuere, se aplicarán las pe
nas de la injuria, de la difamacion ó de la calumnia.

Art. 644. Al acusado de difamacion no se le
admitirá prueba alguna para acreditar la verdad
de su imputacion, sino en dos casos.

I. Cuando aquella se haya hecho á un depositario ó agente de la autoridad, ó á cualquiera
otra persona que haya obrado con carácter público, si la imputacion fuere relativa al ejercicio
de sus funciones.

II. Cuando el hecho imputatado esté declarado cierto por sentencia irrevocable, y el acusa
do obre por motivo de interés público, ó por interés privado, pero legítimo, y sin ánimo de dañar.

En estos dos casos se librará de toda pena al
acusado, si probare su imputacion.

Art. 645. El injuriado ó difamado á quien
se impute un delito determinado que pueda per
seguir de oficio, podrá quejarse de injuria, de

difamacion, ó de calumnia, como más le conviniere.

Pero cuando la queja fuere de calumnia, se permitirá al reo dar pruebas de su imputacion; y si ésta quedare probada, se librará á aquel de toda pena, excepto en el caso del artículo siguiente:

Art. 646. No se admitirá prueba alguna de su imputacion al acusado de calumnia, ni se librará de la pena correspondiente, cuando exista una sentencía irrevocable que haya absuelto al calumniado del mismo delito que aquel le impute.

Art. 647. Cuando haya pendiente un juicio, en averiguacion de un delito imputado á alguno calumniosamente, se suspenderá el ejercicio de la accion de calumnia hasta que dicho juicio termine.

Art. 648. No servirá de excusa de la difamacion ni de la calumnia que el hecho imputado sea notorio, ó que el reo no haya hecho más que reproducir lo ya publicado en la República mexicana ó en otro país.

Art. 649. Las penas de la calumnia extrajudi cial serán las mismas que las de la queja ó acusa cion calumniosa, de que se trata en el capítulo si guiente.

Art. 650. La publicidad es circunstancia agra vante de cuarta clase de la injuria, de la difama cion y de la calumnia.

Art. 651. Se tendrán como públicas la injuria, la difamacion y la calumnia extrajudicial:

I. Cuando consistan en palabras proferidas an te dos ó más personas en lugar público ó ante una reunion de seis ó más personas ó repetidas á este mismo número individualmente.

II. Cuando consistan en señas ejecutadas en público ó ante seis ó más personas.

III. Cuando se hagan por medio de la escritu ra manuscrita que se muestre á seis personas ó más simultánea ó sucesivamente ó se exponga en los parajes públicos.

IV. Cuando se hagan por cualquier otro me dio de los no comprendidos en la ley de impren ta, pero que tenga la misma publicidad que se ex presa en la fraccion anterior.

Art. 652. No se podrá proceder contra el autor de una injuria, difamacion ó calumnia, sino por queja de la persona ofendida excepto en los casos siguientes:

I. Si el ofendido ha muerto, y la injuria, la difamacion ó la calumnia fueren posteriores á su fallecimiento solo se podrá proceder en virtud de queja de su cónyuge, á falta de éste, por queja de la mayoria de los descendientes, á falta de éstos por queja de un ascendiente, y no habiéndolo por queja de la mayoria de los herederos que sean parientes del finado dentro del tercer grado civil inclusive.

Pero cuando la injuria, la difamacion ó la calumnia sean anteriores al fallecimiento del ofendido no se atenderá la queja de las personas mencionadas si aquel hubiere remitido la ofensa ó sabiendo que se le habia inferido, no hubiere presentado en vida su queja pudiendo hacerlo, ni prevenido que la hicieran sus herederos.

II. Cuando la ofensa sea contra el Estado.

El representante del ministerio público podrá hacer la acusacion, aunque no preceda excitativa del Gobierno.

Art. 653. La injuria, la difamacion y la calum
nia contra el Congreso, contra un tribunal ó con
tra cualquiera otro cuerpo colegiado, se castiga
rán con sujecion á las reglas de este capítulo.

Art. 654. Los escritos ó demás objetos que ha
yan servido de medio para la injuria, la difama
cion ó la calumnia se recojerán é inutilizarán, á
menos que se trate de algun documento público
auténtico. En tal caso se hará en él una anota
cion sumaria de la sentencia pronunciada contra
el acusado.

Art. 655. Siempre que sea condenado el au
tor de una injuria, de una difamacion ó de una
calumnia, se publicará á su costa la sentencia en
tres periódicos si lo pidiere el ofendido.

Art. 656. Cuando dos ó más personas se hayan
hecho injurias leves recíprocamente en un mismo
acto, ninguna de ellas podrá pedir el castigo de
las otras, pero todas estarán obligadas á dar la
caucion de no ofender.

Art. 657. Las injurias ó calumnias que se co
metan en un momento de excitacion provocada
por el ofendido ó por algun error involuntario, se
tendrán como leves y bastará que el culpable dé

una satisfacción y sufra una multa de primera clase ó en su defecto el mínimum de la prisión señalada en el la fracción I del artículo 639.

CAPITULO II.

Calumnia judicial.

Art. 658. Las denuncias, las quejas y las acusaciones son calumniosas: cuando su autor imputa en ella una falta ó un delito á persona determinada, sabiendo que ésta es inocente, ó que aquellos no se han cometido.

Art. 659. Se tendrá como denunciante calumniador: al que, para hacer que un inocente aparezca como reo de un delito ó falta, ponga sobre la persona del calumniado, en su casa; ó en otro lugar adecuado para ese fin; una cosa que pueda dar indicio ó presuncion de culpabilidad.

COD. CRO—27,

Art. 600. Cuando el calumniado sea condena do por sentencia irrevocable, se impondrá al calumniador la misma pena que aquel, exceptuan. do los casos de que hablan las dos fracciones siguientes.

I. Cuando la pena señalada al delito que se impute sea la de suspension ó privacion de derechos, de empleo ó cargo, la de inhabilitacion para obtenerlos, ó la de confinamiento, se aplicará en lugar de ellas al calumniador, la de arresto mayor y multa de segunda clase.

II. Si la pena fuere la capital, se aplicará el artículo 184.

Art. 661. Cuando la calumnia se descubra antes de que se pronuncie sentencia irrevocable contra el calumniado, así como cuandoa se absuelto y reconocida su inocencia, se castigará al calumniador con arresto y multa de primera clase, sino fuere mayor que esta la pena señalada al deli to ó falta que se impute al calumniado. De lo contrario, se tendrá el delito como frustrado, y se castigará con arreglo al artículo 191, con la parte que corresponda de las penas señaladas en el artículo 660.

Art. 662. Cuando el que haga alguna denuncia ó queja calumniosa, las retracte (antes de todo procedimiento sobre ellas, se le impondrà una multa de segunda clase; á menos que la retractacion se haga por interes, pues entonces se le aplicará integra la pena de la calumnia y se hará ademas lo que previene el art. 208.

Art. 663. Si el denunciante, el quejoso ó el acusador presentaren testigos ó documentos falsos, ó impidieren que se presenten los testigos ó documentos que podian probar la inocencia del acusado, se les tendrá también como testigos falsos, y para su castigo se observarán las reglas de acumulacion.

Art. 664. Aunque se acredite la inocencia del calumniado, ó que son falsas la denuncia, la queja, ó la acusacion, no se castigarà como calumniador al que las hizo, si probare plenamente haber tenido causa bastante para incurrir en error.

TITULO IV.

FALSEDAD.

CAPITULO I.

Falsificacion de acciones, obligaciones ú otros documentos de crédito público, de cupones de intereses ó de dividendos y de billetes de banco.

Art. 665. Se castigará con cinco años de prision y multa de cien á quinientos pesos:

I. Al que falsifique billetes, obligaciones ú otros documentos de crédito público del Estado, emitidos al portador, ó los cupones de intereses ó de dividendos de estos títulos.

II. Al que falsifique billetes de banco al portador emitidos legalmente.

III. Al que introduzca al Estado los documentos de que hablan las fracciones 1ª y 2ª, falsificados en otro lugar.

Art. 666. La falsificacion de cualquiera otro documento que se suponga expedido á nombre del Estado que no sea el portador; y que importe promesa, obligacion, liberacion ú órden de pago, se castigará con seis años de prision y multa de cincuenta á doscientos pesos.

Art. 667. Se impondrán seis años de prision y una multa de cincuenta á doscientos pesos, al que falsifique en el Estado obligaciones al portador, de la deuda pública de otra nacion, cupones de intereses ó de dividendos correspondientes á dichas obligaciones, ó billetes al portador, de un banco existente en un país extranjero y autorizado legalmente en él para emitirlos.

Art. 668. Se impondrán tambien seis años de prision y una multa de cincuenta á doscientos pesos, al que falsifique en el Estado acciones, obligaciones ú otros títulos legálmente admitidos por las administraciones públicas de los otros Es

tados, por los Ayuntamientos del Distrito Federal, por los del Territorio de la Baja California, por sociedades anónimas ó los cupones de intereses ó de dividendos correspondientes á estos títulos.

Art. 669. La introduccion al Estado de los documentos falsos de que hablan los tres artículos que preceden, se castigará con las penas que ellos señalan.

Art. 670. Esas mismas penas se impondrán á los que de acuerdo con los falsificadores, hagan la emision de los precitados documentos. Si la emision no se llegare á verificar, se reducirán las penas á las dos tercias partes.

Art 671. Se impondrán tres años de prision y una multa de cincuenta á doscientos pesos al que, sin haber tenido parte en la falsificacion ni en la emision, haya adquirido con conocimiento de su falsedad, acciones, obligaciones, cupones ó billetes de banco de los susodichos y los haya puesto en circulacion.

Art. 672, El que, habiendo recibido alguno de dichos documentos como bueno, lo ponga en circulacion despúes de haber averiguado que es falso, será castigado con arreglo al art. 409.

Art. 673. Cuando el que cometa alguno de los delitos de que se habla en los artículos anteriores sea funcionario público, ademas de las penas que en él se señalan, se le impondrá la de destitucion de empleo ó cargo, ó inhabilitacion para obtener cualquiera otro.

Art. 674. El que mande construir, compre ó construya máquinas, instrumentos ó útiles para la fabricacion de dichos documentos, sufrirá por este solo hecho un año de prision, si solo pudieren servir para ese objeto.

Si pudieren emplearse en otro, solo se impondrá la pena al fabricante si sabia que se destinaban á la falsificacion.

Cuando el poseedor de ellos no sea quien los haya construido, no se eximirá de la pena sino probando que los tenía por causa legal ó para un fin lícito,

Art. 675. Lo dicho en el artículo anterior, comprende al cabeza de casa y á los superiores de un establecimiento en donde haya alguna de las cosas mencionadas en dicho artículo; si apa reciere que no podian existir allí sin su conocimiento.

Art. 676. Además de las penas señaladas en los artículos anteriores, se aplicará la de suspension de derechos de que habla el art. 360.

Art. 677. Los jueces tendrán en consideracion la clase de documentos que se hayan falsificado, el valor de ellos, su cantidad, y la de la emision; estimando estas circunstancias como agravantes de primera, segunda, tercera ó cuarta clase, á su prudente arbitrio.

CAPITULO II.

Falsificacion de sellos, cuños ó troqueles, punzones, marcas, pesas y medidas.

Art. 678. Se castigará con la pena de tres años de prision y multa de cien á trescientos pesos:

I. Al que falsifique los sellos de las oficinas del Estado.

II. Al que falsifique los punzones para marcar la ley del oro ó de la plata.

En este caso se tendrá como circunstancia agravante de cuarta clase, ser platero ó joyero el falsario.

III: Al que falsificare los punzones, matrices, planchas ó cualquiera otro objeto que sirva para la fabricacion de acciones, obligaciones, cupones ó billetes de que hablan los artículos 665 á 668.

IV. Al que falsifique las marcas de pesas ó medidas del fiel contraste.

Art. 679. Se impondrá la misma pena que al falsificador al que conociendo su falsedad haga uso de los sellos ó de otro de los objetos de que se habla en el articulo anterior.

Art. 680. Se impondrá un año de prision ó multa de diez á cincuenta pesos al que para defraudar á otro, altere las pesas ó las medidas legítimas ó quite de ellas las marcas verdaderas y las pase á pesas ó medidas falsas ó haga uso de éstas de acuerdo con el falsario.

Faltando esta última circunstancia se aplicará el art 409.

Art. 681. En los casos de que hablan los articulos anteriores si no se ha hecho uso de los sellos, pesas ó medidas, objetos falsificados la pena que ellos señalan, se reducirá á la mitad.

Art 682. Se castigará con la pena que impone al fraude el art 409 al que sabiendo que un ol

to está marcado con un sello, punzon ó marca fal
sos lo enajene ocultando este vicio.

Se tendrá como circunstancia agravante de
cuarta clase ser el vendedor platero ó joyero,
cuando se trate de un objeto de metal ó la mar
ca de su ley sea falsa.

Art. 683. Se castigará con un año de prision
y multa de veinticinco á cien pesos al que falsifique el sello, marca ó contraseña que alguna au
toridad use para identificar cualquier objeto, ó pa
ra asegurar el pago de algun impuesto.

Art. 684. Se castigará con arresto mayor y
multa de segunda clase la falsificacion del sello
de un particular, ó de un sello, marca, estampi-
lla ó contraseña de una casa de comercio ó de un
establecimiento privado de banco ó de industria.

La misma pena se impondrá al que haga uso
de dichos sellos, marcas. contraseñas ó estampi-
llas falsas, y al que emplee los verdaderos en ob
jetos falsificados para hacerlos pasar como legí
timos.

Art. 685. Se castigará con la mitad de las pe
nas que señalan los artículos que preceden de és
te capitulo, al que procurándose los verdaderos

sellos, punzones, marcas etc., de que ellos hablan haga un uso indebido con perjuicio del Estado, de una autoridad ó de un particular.

Art. 686. Lo prevenido en los anteriores artículos se entenderá sin perjuicio de las penas mayores en que incurran los reos, si llegaren á realizar el delito que se propusieron.

Art. 687. El que haga uso de un sello adheri ble falso sin obrar de acuerdo con el falsario, su frirá una multa igual al décuplo de lo que valga dicho sello ó el arresto equivalente.

Si el sello no tuviere valor y fuere de los que se emplean para acreditar el pago de un impues to ó identificar una cosa, se impondrá la pena de arresto menor, sin perjuicio en el primer caso, de la pena que deba aplicarse por el fraude del impuesto.

Art. 688. Se impondrá una multa de diez á cien pesos, al que haga desaparecer de alguno de los sellos de que habla el artículo anterior, la marca de que ya sirvió, y al que haga uso de él.

Art. 689 Se castigará con tres meses de arres to, al que ponga en un efecto de industria el

nombre ó la razon comercial de un fabricante de
verso del que lo fabricó.

Esa misma pena se impondrá á todo comisionista ó expendedor de efectos susodichos, que
á sabiendas los ponga en venta.

Art. 690. En esta materia se aplicará lo prevenido en el artículo 673, pero en el caso del artículo 688 si el delincuente fuere empleado de
alguna oficina, no se aplicará la pena de que habla el artículo 673, ya citado, sino que se tendrá
esa circunstancia como agravante de cuarta clase.

¿CAPITULO III.

Falsificacion de documentos públicos auténticos, y documentos privados,

Art. 691. El delito de falsificación de documentos solo se castigará cuando se cometa por alguno de los medios siguientes:

I. Poniendo una firma falsa, aun cuando sea imaginaria, ó alterando una verdadera.

II. Aprovechando indebidamente una firma en blanco, agena, extendiendo una obligacisn, liberacion ó cualquiera otro documento que pueda comprometer los bienes, la honra, la persona ó la reputación de otro, ó causar perjuieio á la sociedad.

III. Alterando el contexto de un documento verdadero, después de concluido y firmado, si esto cambiare su sentido sobre alguna circunstancia ó punto sustancial; ya se haga añadiendo, enmendando; ó borrondo en todo una ó más palabras ó cláusulas; ó ya variando la puntuación.

IV. Variando la fecha.

V. Atribuyéndose al que extiende el documento, ó atribuyendo á la persona en cuyo nombre lo hace un nombre ó una investidura, calidad ó circunstancia que no tengan y que sean necesarias para la validez del acto.

VI. Redactando un documento en términos que cambien la convencion en otra diversa ó que varien la declaracion ó disposicion del otorgante, las obligaciones que se propuso contraer, á los derechos que debía adquirir.

VII. Añadiendo ó alterando cláusulas ó declaraciones, ó asentando como ciertos, hechos falsos ó como confesados los que no están, si el documento en que se asienten se extendiere para hacerlos constar y como pruebe de ellos.

VIII. Expidiendo un testimonio supuesto de documentos que no existen: dándolo de otro exis tente que carece de los requisitos legales, suponiendo falsamente que los tiene, ó de otro que no carece de ellos, pero agregando ó suprimiendo en copia algo que importe una variacion sustancial.

IX. Alterando un perito traductor ó paleógrafe el contenido de un documento, al traducirlo ó decifrarlo.

Art. 692. Para que el delito de falsificacion de documentos sea punible como tal, se necesita que concurran los requisitos siguientes:

I. Que se cometa fraudulentamente.

II. Que el falsario se proponga sacar algun proyecho para sí ó para otro, ó causar perjuicio alguno á la sociedad.

III. Que resulte ó pueda resultar perjuicio á la sociedad, ó á un particular, ya sea en los bienes de éste, ó ya en su persona, en su honra ó en su reputacion.

IV. Que el falsario hága la falsificacion sin consentimiento de la persona á quien resulte ó pueda resultar perjuicio, ó sin el de aquella en cuyo nombre se hizo el documento.

Art. 698. Llámase instrumento público autén

tico: todo escrito que con los requisitos legales, y para que sirva de prueba, extiende un notario ó cualquiera otra persona autorizada para ello por la ley y en ejercicio de sus funciones públicas: como los acuerdos, actas, decretos, leyes y otras resoluciones del poder legislativo; los acuerdos, resoluciones y otros documentos que emanen del poder ejecutivo, autorizados por el Gobernador del Estado y su Secretario, por éste solo ó por algun jefe de oficina, y los acuerdos de los Ayuntamientos, sus actas y las de las juntas electorales.

Art. 694. La falsificacion de un documento público auténtico ejecutada por un particular, se castigará con tres años de prision y multa de diez á doscientos pesos, si el falsario no llegare á hacer uso de él. En caso contrario, se hará lo prevenido en el art. 699.

Art. 695. Se aumentarán en una mitad la pena de prision y la multa de que habla el artículo anterior, cuando la falsificacion se cometa por un notario ú otro funcionario público, que lo extienda en ejercicio de sus funciones.

Esto se entiende sin perjuicio de destituir al

delincuente de su empleo ó cargo, y de quedar inhabilitado para cualquiera otro.

Art. 696. Lo prevenido en el artículo anterior no comprende la falsedad cometida por un juez, por un secretario, ó por otra persona que haga de actuario en un juicio civil ó criminal, ó en una informacion jurídica: pues ese delito se castigará con las penas que señala el art. 721.

Art. 697 Se castigará como si fuera falsario de instrumento público al empleado que, por engaño ó sorpresa, hiciere que algun superior suyo firme un documento público, que no habría firmado sabiendo su contenido.

Pero tan luego como averigüe este abuso el funcionario que lo haya firmado, pondrá al reo ó disposicion de juez competente; y de no hacerlo, se le castigará con la pena que este artículo señala.

Art. 698. La falsificacion de un documento privado, si no se ha hecho uso de él, se castigará con uno á dos años de prision y multa de cinco á doscientos cincuenta pesos.

Pero se tendrá como circunstancia agravante de cuarta clase, que la falsificacion se haya hecho en una letra de cambio, ó en una libranza á la órden.

Art. 669. Si el falsario hiciere uso de un documento falso, sea público ó privado, se acumularán la falsificacion y el delito que, por medio de ellas, haya cometido el delincuente.

En este caso se tendrá como frustrado el delito principal; si el reo no llegare á conseguir el fin que se propuso; y como consumado, si lo alcanzare.

Art. 700. En los casos comprendidos en los artículos anteriores de este capítulo, se podrá aplicar la pena de suspension de derechos en los términos que establece el art. 360.

Art. 701. Al que haga uso de un documento falso, sea público ó privado, se le impondrá la misma pena que al falsario, cuando obre de acuerdo con éste.

En caso contrario, si obrare á sabiendas, se le impondrá la pena correspondiente al fraude ú otro delito que resulte, sin agravar aquella por la falsedad.

Art. 702. Lo prevenido en los anteriores artículos, no comprende el caso en que la falsedad se cometa en una eleccion pública. Entónces se aplicarán las reglas especiales de los artículos 937 á 946.

CAPITULO IV.

Falsificacion de certificaciones.

Art. 703. Se impondrá la pena de arresto mayor y multa de diez á cien pesos al que, para eximirse de un servicio debido legalmente, ó de una obligacion impuesta por la ley, suponga una certificacion de enfermedad ó impedimento, que no tiene, como expedida por un médico, ó ciruja no, sea que exista realmente la persona á quien la atribuye, que ésta sea imaginaria, ó que tome nombre de una persona real atribuyéndole falsamente la calidad de médico ó cirujano.

Art. 704. El médico ó cirujano que certifiquen falsamente que una persona tiene enfermedad ú otro impedimento, bastantes para dispensarla de prestar un servicio que exige la ley, ó de cumplir una obligacion que esta imponè, será castigado con la pena de un año de prision, si no hubiere obrado así por retribucion dada ó prometida.

Si éste hubiere sido el móvil, se duplicará la pena y pagará además, una multa en los términos que dice el art. 208.

Art. 705. Lo prevenido en los artículos 703 y 704 no comprende el caso en que se trate de certificaciones que, por ley, se exijan como prueba auténtica del hecho ó hechos que en ella se refieren y que en cumplimiento de una mision legal, expida un médico, un cirujano ú otra persona á quien se atribuyan, pues entónces se aplicarán los artículos 694 y 695.

Art. 706. El notario ó cualquiera otro funcionario público que en ejercicio de sus funciones falsifique ó altere una certificacion ó haga uso de una falsa ó alterada con consentimiento de esta

circunstancia, sufrirá las penas que señalan los ar
tículos 694 y 695.

Art. 707. El médico, cirujano, notario ú otro
funcionario público que cometan falsedad en las
certificaciones de que se habla en este capítulo,
sufrirán además de las penas que en él se señalan,
la de suspension en el ejercicio de su facultad,
empleo ó cargo por un tiempo igual al de la prision que se les imponga.

Art. 708. El que bajo el nombre de un funcio
nario público falsifique una certificacion en que
se atestigüe falsamente que una persona tiene
buena conducta, que se halla en la indigencia ó
que tiene cualquiera otra circunstancia que pueda
excitar la benevolencia de las autoridades ó de
la autoridad particular á fin de proporcionarle un
empleo ó socorros, sufrirá cuatro meses de arresto.

Si la certificacion se extendiere bajo el nombre de un particular, la pena será de arresto me
nor.

Art. 709. Cuando las certificaciones de que se
trata en el articulo anterior no sean supuestas,
pero sí falsos los hechos que en ella se refieran y
su autor fuere funcionario público, sufrirá un año

de prision si no obrare por retribucion dada ó prometida. Si éste hubiere sido el móvil, se hará lo que dice el párrafo único del art 704,

Art. 710. Al que haga uso de una certificacion verdadera expedida para otro como si lo hubiera sido en su favor ó altere la que á él se le expidió, se le impondrá la pena de arresto mayor y multa de diez á cien pesos.

Art. 711. El que extienda una certificacion supuesta que no sea de las mencionadas en este capítulo afirmando en ella cualquier hecho que pueda perjudicar á la sociedad ó comprometer los intereses de un particular, su persona, su honra ó su reputacion, sufrirá la pena de arresto mayor y multa de veinte á doscientos pesos si el documento se extendiere bajo el nombre de un particular.

Si se hiciere bajo el nombre de un notario ú otro funcionario público, la pena será de año y medio de prision y la multa de cincuenta á quinientos pesos,

CAPITULO V.

Falsificacion de llaves.

Art. 712. El que falsifique una llave ó acomo de otra á una cerradura sin consentimiento del dueño de ésta, será castigado por ese solo hecho con arresto mayor y multa de primera clase.

Cuando el falsificador sea cerrajero de profesion, será castigado con dos años de prision y multa de diez á cien pesos á menos que lo haga como cómplice de otro delito y merezca mayor pena que éste.

También se le castigará con arresto mayor y multa de diez á cien pesos, siempre que constru ya una llave para una cerradura sin que se le en tregue ésta, ó sin cerciorarse de que es dueño de ella al que mande hacer la llave.

Art. 713. El vendedor de llaves sueltas que venda alguna de ellas sin que se le presente la chapa á que haya de acomodarse, sufrirá la pena de arresto menor y multa de primera cla-e con la excepcion que expresa la primera parte del ar ticulo anterior.

CAPITULO VI.

Falsedad en declaraciones judiciales y en informes dados á una autoridad.

Art. 714. Comete el delito de falso testimonio: el que examinado en juicio como testigo, faltare deliberadamente á la verdad sobre el hecho que se trate de averiguar, ya sea afirmando ó negando su existencia, ó ya afirmando ó negando ú ocultando la de alguna circunstancia que pueda servir de prueba de la verdad ó falsedad del hecho principal, ó que aumente ó disminuya su gravedad.

Art. 715. Cuando la falta ó delito imputados

no tengan señalada pena corporal, se castigará el falso testimonio contra el acusado con las penas siguientes:

I. Cuando la pena señalada al delito ó falta fuere la de privacion de empleo ó la de inhabilitacion para el ejercicio de algún derecho, se impondrá al testigo de uno á dos años de prision si el acusado fuere condenado. No siéndolo, se impondrá de seis á ocho meses de arresto y multa de segunda clase.

II. Fuera del caso de la fraccion anterior, se impondrán ocho meses de arresto y multa de diez á cien pesos, si fuere condenado el acusado. No siéndolo, se impondrá la multa susodicha y seis meses de arresto.

Art. 716. Cuando el delito imputado tenga señalada pena corporal, se observarán estas dos reglas:

I. Se impondrán de seis á once meses de arresto y multa de 20 á 200 pesos, cuando se trate de un delito que tenga impuesta pena corporal que no pase de un año de prisión.

Si pasare, se aplicará al testigo la pena impues

ta al acusado, si se le condenó. En caso contrario se hará lo que previene el artículo 191.

II. Cuando la pena señalada al delito imputa do sea la capital, se impondrá al testigo el máxi mum de la pena de prisión y multa de segunda clase si se condenare al acusado. En caso contrario, se impondrá al testigo una multa de segunda clase y lo que de dicho máximum corresponda con arreglo al art. 191.

Art. 717. El falso testimonio en materia criminal á favor del acusado, se castigará imponien do al testigo tres cuartas partes de la pena que corresponda con arreglo á los artículos que preceden.

Art. 718. Se exceptúa de lo prevenido en el artículo anterior, el caso en que, con arreglo á derecho, se pueda obligar y se obligue á declarar á un ascendiente, descendiente, cónyuge, her mano ó cuñado del reo, pues entonces se observarán las reglas siguientes:

I. Si el testigo faltare á la verdad en favor del reo, pero sin calumniar á otro, se le impondrá una multa de primera clase en los casos del art. 715: una multa de veinticinco á quinientos pesos en el caso de la fraccion única del art. 716; y arresto mayor y multa de segunda clase, en cualquier otro caso.

II. Si el testigo falso declarare en favor del reo, calumniando á otro, se aplicarán las penas de que habla la fraccion precedente, observando las reglas de acumulacion por la calumnia.

Art. 719. Cuando las personas de que habla el artículo anterior declaren falsamente contra el reo, se les aplicarán las penas de los artículos 715 y 716, pero teniendo el parentesco como circunstancia agravante de primera, segunda, tercera ó cuarta clase, con arreglo á lo dispuesto en las fracciones 12ª del art. 44, 13ª del 45, 14ª del 46 y 15ª del 47.

Art. 720. Las penas señaladas en los artículos 715 al que antecede, se aplicarán si el falso testimonio descansara fallo condenatorio ó absolutorio. Pero si además de ese testimonio hubo prueba bastante para condenar ó para absolver, en el primer caso sufrirá el testigo falso dos quintos de la pena señalada en los artículos 715 y 716; y en el segundo sufrirá un tercio de las que imponen los artículos 717 y 718.

Art. 721. El falso testimonio en materia civil se castigará con arresto mayor y multa de diez á cien pesos, si el interés del pleito no excediere de cien.

Excediendo, la multa será de cien á mil pesos y un año de prision, al que se aumentará un mes más por cada cien pesos de exceso, sin que la prision total pueda pasar de cuatro años.

Cuando la falsedad se cometa en negocio civil que no sea estimable en dinero, servirá de base para la imposicion de la pena corporal y de la multa, el monto de los daños y perjuicios que la falsa declaracion cause á aquel contra quien se diere.

Art. 722. Las penas señaladas en los artículos 715 á 721 se aplicarán en sus respectivos casos, al juez, secretario ó actuario que en un juicio criminal ó civil, ó al recibir una informacion jurídica, supongan una declaracion que no se haya dado, ó alteren sustancialmente una declaracion verdadera : pero teniendo como circunstancia agravante de cuarta clase el empleo que ejercen.

Art. 723. La falsedad que se cometa declarado sin la promesa legal y fuera de juicio ante una autoridad pública, se castigará con arresto mayor y multa de segunda clase.

Art. 724. En los casos de que hablan los artículos anteriores de este capítulo, si la falsedad se cometiere por interés, se tendrá esa circunstancia como agravante de cuarta clase y se aplicará lo dispuesto en el art 208.

Art. 725. La falsedad de un perito, cometida en juicio ó ante una autoridad, se castigará con las penas señaladas contra los testigos en los arts. 715 á 724.

Art. 726. El que soborne á un testigo ó á un perito para que declaren falsamente en juicio ó ante una autoridad ó los oblige ó comprometa á ello intimidándolos ó de otro modo, será castigado como si fuera falso testigo ó perito, si éste ó aquel llegaren á faltar á la verdad. Esto se entiende sin perjuicio de la pena que corresponda por la violencia.

Si el testigo ó el perito no faltaren á la verdad el que trató de sobornarlos ú obligarlos para que mientan, sufrirá la pena de uno á seis meses de arresto y multa de segunda clase.

COD. CRO.—22.

Art. 727. Al testigo y al perito que retracten espontáneamente sus falsas declaraciones antes de que se pronuncie sentencia en la instancia en que las dieren, no se les impondrá más pena que la de apercibimiento. Pero si faltaren á la verdad al retractar sus declaraciones, se les aplicará la pena que corresponda con arreglo á lo prevenido en este capítulo.

Art. 728. El que cuando el derecho lo permita sea examinado como actor ó como reo en juicio civil bajo la promesa solemne de decir verdad y faltare á ella negando ser suya la firma con que haya suscrito un documento ó afirmando un he-hecho falso ó negando ó alterando uno verdadero ó sus circunstancias sustanciales para eximirse de una obligacion legitima, será castigado con las penas señaladas en el art 721.

Las penas de que habla este artículo se aplicarán también á los que en nombre de otro cometan la falsedad de que se trata.

Art. 729. Lo prevenido en el artículo anterior no comprende el caso en que la parte sea examinada sobre la cantidad en que estima una cosa que demanda.

Art. 730. El testigo, perito, juez, secretario ó actuario que falten á la verdad en los términos que expresan los artículos anteriores y los que por medio del soborno ó la intimidacion les hagan cometer ese delito, además de sufrir la pena que corresponda de las señaladas en este capítulo, quedarán suspensos por cinco años del derecho de ser tutores, curadores, apoderados, peritos y depositarios judiciales, inhabilitados para ser jue ces, albaceas, árbitros, arbitradores, asesoers, de fensores de intestados ó de ausentes, secretarios, notarios, actuarios, corredores y jueces del regis tro civil y para desempeñar cualquiera otro em pleo ó profesion que exijan título y tengan fé pú blica.

Art. 131. La falsedad de que habla el art. 728 se castigará de oficio, á cuyo efecto el juez ó tri bunal ante quien se cometa, mandará compulsar testimonio de lo conducente y con él pondrá al reo á disposicion del juez que corresponda.

Las demas falsedades de que habla este capí tulo, se castigarán de oficio ó por queja de parte.

Art. 732. Si el testigo que faltare á la verdad se hubiere negado á comparecer en juicio ó á dar su declaracion; sufrirá las penas de estos dos delitos.

CAPITULO VII.

Ocultacion ó variacion de nombre.

Art. 738. Siempre que un acusado oculte su nombre ó su apellido, y tome otro imaginario al declarar ante la autoridad que lo juzgue, se ten drá esa circunstancia como agravante de cuarta clase, si fuere condenado por el delito de que se le acuse.

Si se le absolviere de éste, se le impondrán de oficio, de dos á cuatro meses de arresto.

Art. 734. Cuando un acusado tome el nombre y apellido de otra persona, se le castigará de oficio, con la pena de arresto mayor, si se le absolviere del delito porque se le acusa.

Si resultare culpable de éste, se acumulará al de falsedad.

CAPITULO VIII.

Falsedad en despachos telegráficos de oficinas que no sean del Gobierno Federal

Art. 735. Se impondrá de uno á tres años de prision y multa de cincuenta á trescientos pesos: á los empleados de un telégrafo público, sea éste del Gobierno ó de un particular, que trasmitan un telegrama supuesto por ellos, que supongan haber recibido otro que no se les haya trasmitido, ó que alteren maliciosamente uno verdadero en términos que puedan causar perjuicio al Estado ó á los intereses, persona, honra ó reputacion de un particular. Si llegare á causar el daño de que habla este artículo, se hará acumulacion de delitos en los términos que dice el art. 699.

Art. 736. El que, de acuerdo con el falsario, haga uso de un despacho falso ó alterado, sufrirá la misma pena que aquel.

Faltando dicho acuerdo, sufrirá el reo la pena que corresponda al daño que cause, si sabía que el despacho era falso ó alterado.

Art. 737. El particular que mande trasmitir un despacho supuesto á nombre de otro, ó suponiendo ser él esa otra persona, sufrirá un año de prision y multa de veinticinco á doscientos pesos.

Si se causare daño, se hará la acumulacion en los términos que dice el citado art. 699.

Art. 738. El empleado que trasmita el despacho de que habla el artículo anterior, sufrirá la pena señalada en él, si obrare de acuerdo con el autor del telegrama falso, conociendo la falsedad.

CAPITULO IX.

Usurpacion de funciones públicas ó de profesion—Uso
indebido de condecoracion ó uniforme.

Art. 739. El que•sin ser funcionario público
ejerza alguna de las funciones de tal, sufrirá la
pena de seis meses de arresto á tres años de pri
sion y multa de cinco á cien pesos.

Si la funcion usurpada fuere de importancia,
se tendrá esta circunstancia como agravante de
1ª, 2ª, 3ª 4ª yclase, á juicio del juez.

Art. 740. El que fingiendo tener título legal
ejerza la Medicina, la Cirujía, la Obstetricia ó la

Farmacia, será castigado con un año de prision y multa de veinticinco á trescientos pesos.

Art. 471. El que fingiendo tener título legal ejerza cualquiera otra profesion de las que se ob tienen mediante ciertos requisitos establecidos por las leyes, sufrirá la pena de arresto mayor y multa de diez á cien pesos.

Art. 742. El que usare uniforme ó condeco- racion á que no tenga derecho, será castigado con una multa diez diez á cien pesos con arresto me nor ó con ambaspenas á juicio del'juez.

Art. 743. En todos los casos de que se trata en este capítulo, se publicarán en el periódico oficial las sentencias condenatorias que se pro- nuncien.

Art. 744. Cuando para el ejercicio de las fun ciones de que hablan los artículos que preceden, se falsifique algun título ó se cometa algun otro delito, se aplicarán las reglas de acumulacion.

TITULO V.

Revelacion de secretos

CAPITULO UNICO.

Art. 745. El particular que con §perjuicio de otro revele ó publique maliciosamente, en todo ó en parte, el contenido de un despacho telegráfico, ó el de una carta ó pliego indebidamente abiertos, sabiendo esta circunstancia, será castigado con una multa de cinco á cien pesos y dos dos meses de arresto.

Si el reo fuere la persona misma que abrió la carta ó pliego, se acumulará el delito de viola-

cion de correspondencia al de violacion de secreto.

Art. 746. El que, sin consentimiento y con
perjuicio de la persona ó personas á quien pertenezca la posesion legal de un documento, publique ó divulgue su contenido, será castigado
con cuatro meses de arresto y multa de diez á
doscientos pesos.

Art. 747. Se castigará con arresto mayor y
multa de segunda clase, al que estando ó habien
do estado antes empleado en un establecimiento
industrial revele un procedimiento especial y se
creto que en él se use.

Art. 748. Se impondrán de uno á dos años de
prision al que, con grave perjuicio de otro revele un secreto que esté obligado á guardar, por
haber tenido conocimiento de él ó habérsele con
fiado, en razon de su estado, empleo ó profesion.
A esa pena se agregará la de quedar el delincuente suspenso por igual término, en ejercicio
de su profesion ó empleo.

Si el perjuicio que resulte no fuere grave, la
pena será de arresto mayor.

Art. 749. No podrán las autoridades compe-

ler á los confesores, médicos, cirujanos, comadro
nes, parteras, boticarios, abogados ó apoderados
á que revelen los secretos que se les hayan confiado por razon de su estado, ó en el ejercio de
su profésion, ni á dar noticia de los delitos de
que hayan tenido conocimiento por este medio.

Esta prevencion no eximirá á los médicos que
asistan á un enfermo, de dar certificacion de su
fallecimiento expresando la enfermedad de que
murió, cuando la ley lo prevenga.

Art. 750. Se exceptúa de lo dispuesto en los
dos articulos que preceden, el caso en que se re
vele el secreto de consentimiento libre y expreso
así del que lo confió como de cualquiera otra per
sona que haya de resultar compramefida por la
revelacion,

Art. 751. El notario ó cualquiera otro funcionario público que, estando encargado de un documento que no deba tener publicidad, lo entregue maliciosamente á una persona que no tenga
derecho de imponerse de él ó le dé copia, ó le
permita leerlo, será castigado con dos años de
prision y multa de segunda clase si resultare per
juicio grave á un tercero, ó el delincuente hubie

obrado por interés. En este último caso si hubiere recibido algo como remuneracion de su delito, se le obligará á devolverlo y su importe se aumentará á la multa.

Si el perjuicio no fuera grave se impondrá arresto de ocho dias á seis meses y multa de segunda clase; en su caso se hará lo que previene el párrafo anterior.

Art. 752. Las penas de que habla el artículo que precede se aplicarán al empleado que entregue maliciosamente una carta ó un pliego, cerrados ó abiertos á persona distinta de aquella á quien estén dirigidos y al empleado de un telégrafo del Gobierno del Estado ó de empresas particulares que haga lo mismo con un despacho telegráfico recibido de otra oficina ó que se le haya confiado para su trasmision.

Art. 753. Cuando de los hechos de que hablan los dos artículos anteriores no resultare daño, pero haya podido resultar, se impondrá una multa de segunda clase.

Art. 754. Lo dispuesto en los tres artículos que preceden, no será obstáculo para que, en los casos y con los requisitos que previenen las leyes, se entreguen á los síndicos de los concursos y á los jueces ó tribunales, los documentos, cartas ó pliegos de que hablan los artículos mencionados.

Art. 755. Las prevenciones de este capítulo no comprenden los casos de revelacion de secretos que tienen señaladas penas especiales en este Código.

TITULO VI.

Delitos contra el órden de las familias, la

moral pública

ó las buenas costumbres.

CAPITULO I.

Delitos contra el estado civil de las personas,

Art. 756. Son delitos contra el estado civil de las personas; la suposicion, la supresion, la sustitucion y la ocultacion de un infante, el robo de éste y cualquiera otro hecho como los mencionados, que se ejecute con el fin de que alguno adquiera derechos de familia que no le corresponden, ó pierda los que tiene adquiridos, ó se imposibilite para adquirir otros.

Art. 757. La suspension de infante se verifica:

I. Cuando el hijo recien nacido de una mujer se atribuye á otra.

II. Cuando alguno hace registrar falsamente, ante un juez del estado civil, un nacimiento que no se ha verificado.

La pena de este delito será de uno á cuatro años de prision.

Art. 758. Se impondrán tres años de prision por la supresion de infante:

I. Cuando los padres de un infante no lo presenten al juez del estado civil para su registro.

II. Cuando lo presenten sus padres ocultando el nombre de ellos, ó suponiendo que lo son otras personas; excepto en los casos de los artículos 80 y 83 á 85 del Código civil.

III. Cuando los padres de un infante que se halle vivo, declaren falsamente ante el juez del estado civil que aquel ha fallecido.

Art. 759. La sustitucion de un infante por otro se castigará con tres años de prision.

Art. 760. Es reo de ocultacion de infante: el que, estando encargado de un niño menor de siete años, rehusare hacer la entrega ó presentacion de él á la persona que tenga derecho de exigirlas.

La pena de este delito, será: de ocho dias á ocho meses de arresto, multa de veinte á cien pesos, y apercibimiento de que, si despues de sufrir el reo esa pena resistiere todavia entregar ó presentar al niño, se le castigará con arreglo al art. 762.

Art. 761. Se impondrán ocho años de prision al robador de un infante menor de siete años, aunque éste le siga voluntariamente.

Pasando de esa edad el ofendido, se castigará el delito como plagio.

Nó se comprende en ese artículo á los que sustrajeren á un niño por un principio de afecto, con la mira de proporcionarle mejor educacion ó de evitarle un mal siendo parientes ó padrinos de aquél. En tal caso se les impondrá la pena de arresto mayor.

Art. 762. Los ocho años de prision de que habla la primera parte del artículo anterior, se aumentarán en los términos que dice el art. 798

cuando èl raptor del infante menòr de siete años
se halle en el caso de dicho artículo.

Art. 763. El que por medio de suposicion, sus
titucion, supresion ú ocultacion de ínfante, per-
judique los derechos de familia de éste ó de cual
quier otro individuo, no podrá heredarlós ab--in
testato ni por testamento.

Art. 764. Cuando una persona que tenga obli
gacion de dar parte del nacimiento de un infante, no lo presente dentro del término legal, pero
sin ánimo de causarle perjuicio en su estado, su
frirá una multa de uno á veinticinco pesos.

Art. 765. Cualquiera otro hecho contra el es
tado civil de las personas, que no sea de los men
cionados en los artículos que preceden, se casti·
gará con la pena de arresto mayor á dos años de
prision, si no constituye otro delito que tenga
señalada una pena mayor, pues en tal caso se
aplicará ésta.

CAPITULO II.

Ultrajes á la moral pública ó á las buenas costumbres.

Art. 766. El que exponga al público, ó públicamente venda ó distribuya canciones, folletos ú otros papeles obscenos, ó figuras, pinturas ó dibujos grabados ó litografiados que representen actos lúbricos, será castigado con arresto de ocho dias á seis meses y multa de cinco á cien pesos.

Art. 767. La pena que señala el artículo que antecede, se aplicará tambien al autor de los objetos que en él se mencionan y al que los reproduzca; pero solamente en el caso en que los hayan hecho para que se expongan, vendan ó distribuyan públicamente, y así se verifique.

Art. 768. Se impondrá la pena de arresto me
nor y multa de uno á cincuenta pesos, al que ul
traje la moral pública ó las buenas costumbres,
ejecutando una accion impúdica en un lugar pú-
bilco, ó en un lugar privado en que pueda verla
el público.

Se tendrá como impùdica: toda accion que en
el concepto público esté calificada de contraria
al pudor.

Art. 769. En los ultrajes á la moral pública ó
á las buenas costumbres, es circunstancia agra
vante de segunda clase que se ejecuten en presencia de menores de catorce años.

CAPÍTULO III.

Atentados contra el pudor—Estupro—Violacion.

Art. 770. Se dá el nombre de atentado contra el pudor á todo acto que pueda ofenderlo sin llegar á la cópula carnal, y que se ejecute en la persona de otro sin su voluntad sea cual fuere su sexo.

Art. 771. El atentado contra el pudor ejecutado sin violencia física ni moral, se castigará con multa de primera clase, con arresto menor ó con ambas penas á juicio del juez segun las circunstancias si el ofendido fuere mayor de catorce años,

Cuando se ejecute en un menor de esa edad ó

por medio de él, se castigará con multa de cinco á cien pesos con arresto mayor ó con ambas penas.

Art. 772. El atentado cometido por medio de la violencia física ó moral, se castigará con la pena de arresto mayor y multa de cinco á cien pesos si el ofendido fuere mayor de catorce años.

Si no llegare á esa edad, la pena será de uno á dos años de prision y multa de diez á doscientos pesos.

Art. 773. El atentado contra el pudor se tendrá y castigará siempre como delito consumado.

Art. 774. Llámase estupro la cópula con mujer casta y honesta, empleando la seduccion ó el engaño para alcanzar su consentimiento.

Art. 775. El estupro solo se castigará en los casos y con las penas siguientes:

I. Con dos á cuatro años de prision y multa de segunda clase si la edad de la estuprada llegare á diez años pero no pasare de doce.

II. Cuando la estuprada sea de doce á catorce años, se impondrá al estuprador la pena de uno á dos años de prision y multa de segunda clase.

III. Con seis años de prision y multa de veinticinco á doscientos pesos si aquella no llegare á diez años de edad.

IV. Con arresto de cinco á once meses y multa de cinco á cien pesos, cuando la estuprada pase de catorce años y el estuprador haya dado á aquella por escrito palabra de casamiento, y se niegue á cumplirla sin causa justa posterior á la cópula ó anterior á ella pero ignorada por aquel.

Art. 776. Comete el delito de violacion el que por medio de la violencia física ó moral tiene cópula con una persona sin la voluntad de ésta sea cual fuere su sexo.

Art. 777. Se equipara á la violacion y se castigará como ésta: la cópula con una persona que se halle sin sentido ó que no tenga expedito el uso de su razon aunque sea mayor de edad.

Art. 778. La pena de violacion será de cuatro á seis años de prision y multa de segunda clase, si la persona ofendida pasare de catorce años.

si fuere menor de esa edad la pena será de seis á ocho años.

Art. 779: Si la violacion fuere precedida ó

acompañada de golpes ó lesiones, se observarán las reglas de acumulocion.

Art. 780. A las penas señaladas en los artículos 775, 777, 778, y 779 se aumentarán:

Un año cuando la cópula sea contra el órden natural.

Seis meses si el reo ejerciere autoridad sobre el ofendido, ó fuere su tutor, su maestro, su criado asalariado de alguno de éstos ó del ofendido, ó cometiere la violacion abusando de sus funciones como funcionario púdlico, ó médico, cirujano, dentista, comadron, ó ministro de algun culto.

Art. 781. Los reos de que se habla en la fraccion segunda del artículo anterior, quedarán inhabilitados para ser tutores; y ademas podrá el juez suspender desde uno hasta cuatro años en el ejercicio de su profesion, al funcionario públíco, médico, cirujano, comadron, dentista, ó maestro que hayan cometido el delito abusando de sus funciones.

Art. 782. Cuando los delitos de que se habla en los artículos 776, 777 y 778 se cometan por un pariente, éste, no podrá heredar al ofendido.

Art. 783. Siempre que del estupro ó de la vio
lacion resulte alguna enfermedad á la persona
ofendida, se impondrá al estuprador la pena que
sea mayor entre las que corespondan por el estu
pro ó violacion y por la lesion, considerando el
delitó como ejecutado con una circunstancia
agravante de cuarta clase.

Si resultare la muerte de la persona ofendida,
e impondrá la pena que señala el art. 552.

CAPITULO IV.

Corrupcion de menores.

Art. 784. El delito de corrupcion de menores solo se castigará cuando haya sido consumado

Art. 785. El que habitualmente procure ó facilite la corrupcion de menores de veinte años, ó los excite á ella para satisfacer las pasiones torpes de otro, será castigado con la pena de seis meses de arresto á diez y ocho años de prision, si el menor pasare de once años, y si no llegare á esa edad, se duplicará la pena.

Se tendrá como habitual este delito, cuando el

reo lo haya ejecutado tres ó más veces, aunque en todas se haya tratado de un mismo menor.

Art. 786. Al que cometa el delito de que se habla en el art. 785 no habitualmente, pero sí por remuneracion dada ú ofrecida, se le impondrán de uno á tres meses de arresto y se hará lo que previene el art. 208.

Art. 787. Las penas que señalan los dos artículos que preceden, se aumentarán en los términos siguientes:

I. Cuando el reo sea ascendiente del menor y éste haya cumplido once años, la pena será de dos años de prision. Si el menor no tuviere once años, la pena será de cuatro años de prision.

Además, en estos dos casos quedará el reo privado de todo derecho á los bienes del ofendido, y de la patria potestad sobre todos sus descendientes.

II. Cuando el reo sea tutor ó maestro del menor ó cualquiera otra persona que tengan autoridad sobre él, su criado asalariado, ó criado de las personas mencionadas, se aumentará una cuarta parte á las penas que señalan los dos artículos que anteceden.

Art. 788. Los delincuentes de que se trata en este capítulo quedarán inhabilitados para ser tutores, y además se les podrá someter á la vigilancia de primera clase, con arreglo á los arts. 166, 167 y 171.

CAPITULO V.

Rapto.

Art. 789. Comete rapto: el que contra la voluntad de una mujer se apodera de ella y se la lleva por medio de la violencia física ó moral, del engaño ó de la seduccion, para satisfacer algun deseo torpe ó para casarse.

Art. 790. El rapto de una mujer, sin su voluntad, por medio de la violencia ó del engaño, sea para satisfacer en ella deseos carnales, ó para casarse, se castigará con uno á cuatro años de prisión y multa de diez á cien pesos.

Art. 791. Se impondrá tambien la pena del artículo anterior, aunque el raptor no empleé la violencia ni el engaño, sino solamente la seduccion, y consienta en el rapto la mujer, si ésta fuere menor de diez y seis años.

Art. 792. Por el solo hecho de no haber cumplido diez y seis años la mujer robada que voluntariamente siga á su raptor, se presume que éste empleó la seduccion si fuere mayor de aquella edad.

Art. 793. Cuando al dar el raptor su primera declaracion, no entregue á la persona robada ni dé noticia del lugar en que la tiene, se agravará la pena del art. 790 con un mes de prision por cada dia que pase hasta que la entregue ó dé la noticia mencionada.

Si no lo hubiere hecho al dictarse la sentencia definitiva, el término medio de la pena será de ocho años de prision, quedando sujeto el reo á lo prevenido en el art. 624.

Art. 794. Cuando el raptor se case con la mu- r ofendida, no se podrá proceder criminalmen-

te contra aquel, ni contra sus cómplices, por el rapto, sino hasta que se declare nulo el matrimonio.

Art. 795. No se procederá criminalmente contra el raptor, sino por queja de la mujer ofendida, de su marido si es casada, ó de sus padres si no lo es, y à falta de éstos, por queja de sus abuelos, hermanos ó tutores; á menos que preceda, acompañe, ó se siga al rapto otro delito que pueda perseguirse de oficio.

Art. 796. Si el rapto fuere precedido, acompañado ó seguido de otro delito, se observarán las reglas de acumulacion.

CAPITULO VI.

Incesto.

Art. 797. Por incesto se entiende: la union car
nal de personas de distinto sexo que, por razon
de parentesco, no pueden contraer matrimonio
válidamente conforme al Código civil.

Art. 798. Este delito se castigará con las penas siguientes:

I. Con cuatro años de prision si el concúbito
fuere entre ascendientes y descendientes por con
sanguinidad.

II. Con dos años de prision si fuere entre ascendientes y descendientes, afines ó entre herma
nos ó medios hermanos.

III. Con la pérdida de los derechos de familia en los dos casos que expresan las anteriores fracciones.

Art. 799.. Se considera como circunstancia agravante de cuarta clase la presion física ó moral por uno de los incestuosos'. Si la presion fuere tal que prive de libertad al que la sufre, éste será irresponsable y el que la ejerza se tendrá como violador, aplicándose en tal caso las reglas de la acumulacion. Cuando la presion no sea bastante á privar de la libertad, se tendrá como circunstancia atenuante de cuarta clase respecto del que la sufra.

Art. 800. Cuando además del incesto hubiere rapto, estupro ó adulterio, se seguirán las reglas de acumulacion.

Art. 801. Si el incesto va acompañado de adulterio no siendo aquel entre ascendientes y descendientes consanguíneos ó afines, si remite la injuria el cónyuge ofendido, cesará el procedimiento respecto de ambos delitos continuará en cuanto al incesto tratándose de dichos ascendientes ó descendientes.

Art. 802. La misma pena que establece el ar

tículo 798, sufrirán los incestuosos que á sabien das hubieren contraido un matrimonio nulo. En este caso se les aplicará además una multa de cin cuenta á quinientos pesos.

Art. 803. En la averiguacion de este delito se procederá de oficio.

CAPITULO VII.

Adulterio.

Art. 804. La pena del adulterio cometido por hombre libre y mujer casada, es de dos años de prision y multa de segunda clase, pero no se cas tigará al primero sino cuando delinca conociendo el estado de la segunda.

El adulterio de hombre casado y mujer libre se castigará con un año de prision si el delito se comete fuera de domicilio conyugal. Si se come re en éste, se impondrán dos años de prision, pero en ambos se necesita para castigar á la mu jer que sepa que el hombre es casado.

Art. 805. Además de las penas de que habla el artículo anterior quedarán los adúlteros suspensos por seis años en el derecho de ser tutores ó curadores.

Art. 806. Si el cónyuge culpable hubiere sido abandonado por el ofendido, el juez tomará en consideracion esta circunstancia como atenuante de primera, segunda, tercera ó cuarta clase segun fueren las causas del abandono.

Art. 807. Son circunstancias agravantes de cuarta clase:

I. Ser el adulterio doble.

II. Tener hijos el adúltero ó la adúltera.

III. Ocultar su estado el adúltero ó la adúltera casados, á la persona con quien cometen el adulterio.

Art. 808. No se puede proceder criminalmente contra los adúlteros sino á peticion del cónyuge ofendido.

Art. 809. La mujer casada solo podrá quejarse de adulterio, en tres casos: primero, cuando su marido lo cometa en el domicilio conyugal:

segundo, cuando lo cometa fuera de él con una concubina: tercero, cuando el adulterio cause escándalo; sea quien fuere la adultera y el lugar en que el delito se cometa.

Art. 810. Por domicilio conyugal se entiende: la casa ó casas que el marido tiene para su habitacion. Se equipara al domicilio conyugal la casa en que solo habite la mujer.

Art. 811. Aunque el ofendido haya hecho su peticion contra uno sólo de los adúlteros, se procederá siempre contra los dos y sus cómplices.

Esto se entiende en caso que los dos adúlteros vivan, estén presentes, y se hallen ambos sujetos á la justicia del país. Pero cuando así no sea, se podrá proceder contra el culpable que tenga esos requisitos.

Art. 812. El adulterio solo se castiga cuando ha sido consumado; pero si el conato constituye re otro delito, se castigará con la pena señalada en éste.

Art. 813. No obstante lo que previene el art. 245, cuando el ofendido perdone á su cóyuge y ambos consientan en vivir reunidos, cesará todo procedimiento si la causa estuviere pendiente.

Si ya hubiere sido condenado el reo, no se ejecutará la sentencia, ni producirá efecto alguno.

Art. 814 Lo prevenido en el artículo anterior, se extenderá al caso en que después de la acusacion, tuvieren los cónyuges acceso carnal.

Art. 815. También cesarán el procedimiento y sus efectos, cuando el quejoso muera antes de que se pronuncie sentencia irrevocable.

Art. 816. El simple conocimiento que el ofendido tenga del adulterio de su cónyuge, no se tendrá como consentimiento ni como perdon del delito.

Art. 817. El cónyuge acusado de adulterio, no podrá alegar, como excepcion que su cónyuge ha cometido el mismo delito antes de la acusacion ó despues de ella.

Art. 818. No se castigará al soltero que cometa adulterio con mujer pública. Pero á esta se le impondrá la pena que corresponda con arreglo á los anteriores artículos de este capítulo.

Si el hombre fuere tambien casado, se le castigará en los casos de que habla el art. 809.

CAPITULO VIII.

Bigamia ó matrimonio doble y otros matrimonios ilegales.

Art. 819. Comete el delito de biagamía el que, habiéndose unido con otra persona en matrimonio válido y no disuelto todavía, contrae uno nuevo con las formalidades que exige la ley.

Art. 820. El delito de bigamía se consuma al momento en que el acta de matrimonio queda firmada por los contrayentes. Si aquella se extendie re, pero no llegare á firmarse, el delito quedará reducido á conato y se castigará como tal.

Art. 821. El reo de bigamía será castigado ou cinco años de prision y multa de segunda clase, cuando la persona con quien celebre el nue vo matrimonio sea libre y no sepa que aquel es casado.

Si lo supiere, se impondrá á uno y á otro la pe na de tres años de prision y multa de cuarta clase.

Art. 822. Son circunstancias atenuantes de se gunda clase:

I. Haber tenido el reo motivos graves, á juicio del juez para creer disuelto el matrimonio.

II. No haber tenido hijos en su matrimonio anterior el contrayente casado.

Art. 823. Es circunstancia agravante de cuar ta clase, que el bígamo tenga cópula con su nue vo cónyuge.

Art. 824. Cuando dos personas libres contrai gan un matrimonio nulo por causa anterior á su celebracion; el que haya tenido conocimiento de la nulidad, será castigado con dos años de pri- sion, si el que lo ignore interpusiere su queja.

Art. 825. Los que contraigan un matrimonio que segun el Código civil sea ilícito, serán casti gados con la pena que señala el art. 313 del mis mo Código.

Art. 326. El juez del Estado civil que á sabiendas autorice un matrimonio nulo, sufrirá de seis á doce meses de arresto, una multa de cincuenta á doscientos pesos, y quedará destituido de su empleo é inhabilitado por seis años para obtener cualquiera otro.

Si el matrimonio solo fuere ilícito, será destituido de su empleo y pagará una multa de diez á cien pesos.

CAPITULO XI.

Provocacion á un delito.—Apología de éste ó de algun vicio.

Art. 827 El que por alguno de los medios de que habla el art. 638 provocare públicamente á cometer un delito, será castigado con arresto ma yor y multa de segunda clase, si el delito no se ejecutare. En caso contrario, será castigado como autor, con arreglo á la fraccion 3ª del art. 49.

Art. 828. El que públicamente defienda un vi cio ó un delito graves como ilícitos, ó haga la apología de ellos ó de sus autores, será costigado con arresto mayor y multa de segunda clase.

Art. 829. Se tendrán como cometidos en público los delitos de que hablan los artículos anteriores en los casos de las fracs. 1ª y 2ª del art. 651.

TITULO VII.

Delitos contra la salud pública.

CAPITULO UNICO.

Art. 830. El que sin autorizacion legal elabore para venderlas, sustancias nocivas á la salud ó productos químicos que puedan causar grandes estragos, sufrirá la pena de cuatro meses de arresto y una multa de diez á cien pesos.

La misma pena se impondrá al que comercie con dichas sustancias sin la correspondiente autorizacion, y al que teniéndola las despache sin

cumplir con las formalidades prescritas en los re
glamentos respectivos.

Art. 831. La venta de cualesquiera otros efec
tos necesariamente nocivos á la salud, hecha sin
autorizacion legal y sin los requisitos que proven
gan los reglamentos respectivos, se castigará con
arresto mayor y multa de segunda clase.

Art. 832. Los boticarios y los comerciantes
en drogas que falsifiquen ó adulteren las medicinas, de modo que sean nocivas á la salud, se-
ràn castigados con dos años de prisión y multa
de segunda clase.

Art. 833. El boticario que, al despachar una
receta, sustituya una medicina por otra, altere la
recetada ó varié la dósis de ella, sufrirá la pena
de arresto mayor y multa de segunda clase, cuan
do no resulte, pero pueda resultar daño.

Cuando no resulte ni pueda resultar daño, se
le castigará con la pena señalada á las faltas de
tercera clase.

Art. 834. Se impondrá la pena de arresto me
nor y multa de segunda clase, al que comercie
bebidas ó comesribles adulterados con sustancias
nocivas á la salud.

Art. 835. El que venda ó dé gratuitamente para alimento de una ó más personas, la carne de un animal muerto de enfermedad, sufrirá una múlta de primera clase, aunque sepa esa circunstancia el que reciba la carne.

Art. 836. Las penas de que hablan los artículos que preceden, se aplicarán en el caso en que no llegue á resultar daño á la salud.

Cuando resulte y sea tal que constituya por sí un delito, se aplicarán los artículos 182 y 188, teniendo en cuenta si hubo intencion ó no de dañar; pues en el primer caso se considerará el delito como intencional, y en el segundo como de culpa.

Art. 837. Las medicinas, bebidas ó comestibles falsificados ó adulterados para venderlos' que contengan sustancias nocivas, se decomisarán en todo caso, y además se inutilizarán cuando no pueda dárseles otro destino sin peligro.

En caso contrario se entregarán al Ayuntamiento de la municipalidad donde se cometió el delito, para que los aplique á los establecimientos de beneficencia sin que obste lo prevenido en el t 105.

Art. 838. La ocultacion, la sustraccion, la venta y la compra de efectos mandados destruir como nocivos por la autoridad competente, se castigará con arresto mayor y multa de segunda clase.

Art. 839. El envenenamiento de comestibles ó de cosas destinadas para venderlas al público y de cuyo uso pueda resultar la muerte ó alguna enfermedad á un número indeterminado de personas, se castigará con un año de prision si no resultare daño alguno.

Cuando resulte, se aplicará lo prevenido en los arts. 182 y 183.

Art. 840. Lo prevenido en el artículo que precede se observará tambien cuando se envenene una fuente, un estanque ó cualquiera otro depósito de agua potable sean públicos ó particulares.

Art. 841. Cuando el reo condenado por alguno de los delitos de que se habla en este capítulo sea comerciante, expendedor de drogas ó boticario, la sentencia condenatoria se publicará en el periódico oficial.

TITULO VIII.

Delitos contra el órden público.

CAPITULO I.

Vagancia--Mendicidad.

Art. 842. Es vago el que careciendo de bienes y rentas no ejerce alguna industria, arte ú oficio honestos para subsistir sin tener para ello impedimento legítimo.

Art, 843. El vago que amonestado por la autoridad política para que se dedique á una ocupacion honesta y lucrativa, no lo hiciere así dentro diez dias ó no acreditare tener impedimento

invencible para ello, será castigado con arresto mayor si no diere fianza por un año de cinco á cien pesos de que en lo sucesivo vivirá de un trabajo honesto.

El arresto cesará en cualquier tiempo en que diere la fianza susodicha ó cuando acreditare haber emprendido algun oficio si no lo tenia antes, y la falta de él era la causa de la vagancia.

Art. 844. Si el vago fuere menor de diez y ocho años y mayor de catorce, ó sordo-mudo, se hará lo que previenen los arts 212 á 215 si no tuviere padres ni tutor. Teniéndolos les será entregado cuando dén la fianza de que habla el artículo anterior.

Art. 845. El que sin licencia de la autoridad política pidiere habitualmente limosna, será castigado con arresto de uno á tres meses, y quedará por un año sugeto á la vigilancia de primera clase, sino diere fianza de cinco á cien pesos, por un año, de que en lo sucesivo vivirá de un trabajo honesto.

Art. 846. Mientras no se establezcan hospicios y talleres especiales para mendigos, la autoridad política podrá conceder licencia para pedir limosna á aquellos que le acrediten hallarse impedidos para trabajar y carecer de recursos para subsistir, por solo el tiempo que duren esas causas.

Art. 847. El mendigo que hubiere obtenido con engaño licencia para mendigar, será castigado como si no la tuviere, considerando el engaño como circunstancia agravante de cuarta clase.

Art. 848. El mendigo que para pedir emplea-re la injuria, el amago ó la amenaza, será castigado con arresto menor si tuviere licencia para pedir. En caso contrario, se le aplicará esa pena por la injuria, el amago ó la amenaza y la del artículo 845.

Esto se entiende del caso en que con arreglo á este Código no merezca mayor pena por la injuria, el amago ó la amenaza.

Art. 849. Siempre que anden juntos mas de tres mendigos pidiendo, se les impondrá la pena de arresto de dos á seis meses, aun cuando tengan licencia.

Art. 850. Los vagos ó mendigos á quienes se aprehenda con un disfraz, ó con armas, ganzúas ú otros instrumentos que dén motivo fundado para sospechar que tratan de cometer un delito, serán condenados á la pena de arresto mayor, y quedarán sujetos por tres años á la vigilancia de primera clase.

CAPITULO II.

Juegos prohibidos.

Art. 851. Será castigado con la pena de arresto menor y multa de diez á quinientos pesos, el que tenga una casa de juego prohibido, de suerte ó azar; ya sea que se admita libremen te al público, ya solo á personas abonadas á afi- liadas ó á las que éstas presenten.

Los administradores de la casa de juego, los encargados de ella y sus agentes, de cualquiera clase que sean, sufrirán la mitad de la pena suso dicha.

Art. 852. Las penas de que habla el artículo anterior se aplicarán tambien al que establezca un juego prohibido, en una plaza, calle ú otro ugar público; así como á sus administradores, encargados, dependientes ó agentes en el juego.

Art. 853. En todo caso serán decomisadas las cantidades que se aprehendan y constituyan el fondo del juego, así como los muebles, instrumentos, utensillos y aparatos destinados para servir en él.

Art. 854. Los jugadores y los simples espectadores, serán castigados con una multa de cinco á cien pesos, ó en su defecto con arresto de tres á ocho dias, solamente cuando sean aprehendidos en la casa de juego.

Art. 855. El funcionario público que, habiendo sido condenado como dueño, administrador, encargado ó agente de una casa de juego, reincidiere en este delito antes de haber pasado un año, además de la pena que corresponda con arreglo á los artículos anteriores, sufrirá la de suspension de empleo por un año á la primera reincidencia, y la de destitucion á la segunda.

Si la reincidencia fuere como jugador ó espectador, quedará suspenso por tres meses á la primera, por un año á la segunda y destituido á la tercera.

Art. 856. Los empleados que manejen fondos del erario, de un ayuntamiento ó de cualquier establecimiento público y cometan alguno de los delitos de que hablan los artículos 851, 852 y 854, sufrirán la pena de suspension de empleo por un año en la primera vez que delincan, y la de destitucion en la primera reincidencia, sin perjuicio de las otras penas en que incurran.

Art. 857. Para hacer efectivas las penas señaladas en los artículos que preceden, la autoridad política pondrá á los culpables á disposicion de sus jueces respectivos, y mandará en cada caso al Gobierno del Estado, una lista de las personas que hayan cometido el delito de que se trata.

Art. 858. Todo empleado en la policía que, teniendo obligacion de perseguir el juego dejare de hacerlo voluntariamente en algun caso, sufrirá las penas de arresto menor, multa de cinco á cien pesos y destitucion de empleo.

Si cometiere el delito por interés pecuniario, se le aplicarán las penas establecidas por el cohecho.

Art. 859. Los que dén en arrendamiento ó subarrendamiento una casa ó parte de ella, para que

con su consentimiento se establezca un juego pro
hibido, pagarán una multa igual al alquiler de
tres meses.

Art. 860. Las multas y el valor de los fondos
y efectos decomisados, se distribuirán en los tér
minos que previene el art. 120.

Art. 861. Las penas de que hablan los artícu
los anteriores, se aplicarán sin perjuicio de decla
rar privado del voto activo y pasivo en las elec-
ciones populares, al reo que sea tahur de profesion. Esta declaracion se públicará en el *Periódi
co Oficial* para que surta sus efectos.

Art. 862. Será considerado, como tahur de
profesion, el que sea condenado tres veces en un
año por los delitos de que hablan los artículos
851, 852 y 854.

CAPITULO III.

Infraccion de leyes y de reglamentos sobre inhumaciones.

Art 363. El que sepulte ó mande sepultar en un panteon público un cadáver humano, sin la autorizacion escrita de la autoridad que deba darla, ó sin los otros requisitos que exige el Código civil, sufrirà la pena de uno á dos meses de arresto ó multa de cinco á cien pesos.

Art. 364, Si el entierro se hiciere en lugar privado sin licencia de la autoridad, ó en cualquiera otro en que esté prohibido hacerlo, se duplicará la pena mencionada.

Art. 365. Se impondrá un año de prision y multa de diez á quinientos pesos al que oculte' ó sin la licencia correspondiente, sepulte ó mande sepultar el cadáver de una persona á quien se haya dado muerte violenta, ó que haya fallecido á consecuencia de golpes, heridas, ú otras lesiones, si el reo sabia esta circunstancia. Si lo ignoraba, se aplicarán las penas de que habla el artículo anterior.

CAPITULO IV.

Violacion de sepulcros.—Profanacion de un cadáver humano.

Art. 866. Se castigará con arresto mayor y multa de segunda clase, la sola violacion material de un túmulo, de un sepulcro, de una sepultura, ó de un féretro, sin atender á la intencion del delincuente.

Art. 867. La profanacion de un cadáver humano, se castigará con uno á tres años de prision.

Art. 868. Si ademas de la violacion ó profanacion de que hablan los dos artículos que preceden, se cometiere otro delito, se observarán las reglas de acumulación.

CAPITULO V.

Quebrantamiento de sellos.

Art. 869. El que quebrante los sellos puestos por órden de la autoridad pública, será castigado con la pena de uno á dos años de prision, si el delincuente fuere la persona encargada de su custodia, ó el funcionario mismo que mandó ponerlos. Faltando esta circunstancia, la pena será de seis meses de arresto á un año de prision.

Art. 870. Si los sellos se quebrantaren por negligencia del encargado de su custodia, sufrirá éste de uno á seis meses de arresto.

Art. 871. Cuando el quebrantamiento se ejecute en sellos puestos sobre papeles, ó efectos

CODL. GTO—25

de una persona contra quien se proceda por un delito que tenga señalada la pena capital ó diez años de prision, se aumentarán en un tercio las penas señaladas en los dos artículos que preceden.

Art, 872. Cuando el quebrantamiento de sellos se ejecute con violencia física ó moral en las personas, se aumentarán dos años de prision á las penas señaladas en los artículos anteriores.

Art. 873. Cuando de comun acuerdo quebranten las partes interesadas en un negocio civil, los sellos puestos por la autoridad pública, sufrirán una multa de veinte á doscientos pesos.

CAPITULO VI.

Oposicion á que se ejecute alguna obra ó trabajos públicos.

Art. 874. Todo el que, de propia autoridad, y sin derecho, procure con actos materiales impedir la ejecucion de una obra ó trabajó mandados hacer por autoridad competente, ó con su autorizacion, será castigado con arresto de ocho dias á tres meses.

Art. 875. Cuando el delito se cometa por una reunion de diez personas ó mas, la pena será de tres meses de arresto á un año de prision, si solo se hiciere una simple oposicion material sin violencia á las personas. Habiéndola, podrá extenderse la pena hasta dos años de prision; á menos que resulte otro delito en cuyo caso se observará lo prevenido en los artículos 182 y 183.

A los jefes ó motores, se les aumentará la pena en un tercio.

Art. 376. A las penas de que hablan los dos artículos que preceden, se podrá agregar una multa de veinte á quinientos pesos, cuando el de lito no produzca responsabilidad civil.

CAPITULO VII.

Delitos de asentistas y proveedores.

Art. 877. Los asentistas y proveedores que, estando obligados por contrata con una autoridad, á suministrar ropa, víveres ó cualquiera otro artículo á las fuerzas del Estado, á un Ayuntamiento ó á un establecimiento público, cometan engaño sobre el origen ó naturaleza de los efectos, ó en su cantidad ó calidad, sufrirán las penas que señalan los artículos 406 y 407 y arresto mayor.

Art. 878. Los asentistas y proveedores que voluntariamente dejen de hacer los suministros á que estén obligados, causando grave mal al servicio, serán castigados con arresto mayor y multa de veinte á doscientos pesos.

Si el perjuicio no fuere de gravedad, se les im pondrá una multa de cinco á cincuenta pesos.

Art. 879. Cuando los asentistas ó proveedores falten á su compromiso, por negligencia, sufrirán la pena que corresponda al delito de culpa.

Art. 880. Los funcionarios encargados de cui dar de que los asentistas y proveedores cumplan fielmente sus contratas, sufrirán las mismas pe nas que éstos, siempre que los provoquen á fal tar á ellas, ó les presten auxilio con ese fin. Ade más serán destituidos de su empleo ó cargo.

Si solo hubiere negligencia de su parte, se les castigará por delito de culpa.

Art. 881. Tambien se castigará con las penas señaladas en el artículo que precede, á los funcio narios que estando encargados de hacer la com pra y distribucion de efecto por cuenta del Go bierno, de un Ayuntamiento ó de un estableci miento pùblico, cometieren alguno de los delitos de que hablan los artículos 877 y 878.

Art. 882. El funcionario público que, intervi

niendo por razon de su cargo en alguna comision de suministros, contratas, ajustes ó liquidaciones de efectos, ó de haberes de contratistas ó provee dores, se concertare con los interesados ó especu ladores, ó usare de cualquier otro artificio para defraudar al Erario, incurrirá en las penas seña· ladas al peculado.

§ Art. 883. El funcionario público que, directa ó indirectamente, se interesare en cualquiera cla se de contrato ú operacion en que deba interve nir por razon de su cargo, será castigado con la pena de destitucion y multa de cien á mil pesos.

Art. 884. En los casos de los artículos ante riores, no se podrá proceder contra los reos, sino mediante aviso del Gobierno ó de la autoridad política respectiva.

CAPITULO VIII.

Desobediencia y resistencia de particulares.

Art. 885. El que sin causa legítima, rehusare prestar un servicio de interés público á que la ley lo obligue, ó desobedeciere un mandato legítimo de la autoridad pública ó de un agente de ésta, sea cual fuere su categoría, será castigado con arresto mayor y multa de diez á cien pesos, excepto en los casos de que hablan las fracciones 1ª 2ª y 3ª del art. 188.

Si el que desobedeciere usare de palabras descompuestas ó injuriosas á la autoridad ó á sus agentes, esta circunstancia se tendrá como agravante de cuarta clase.

Art. 886. El testigo ó perito que se negare á comparecer en juicio, ó á dar su declaración cuando no esté exceptuado legalmente y se lo exija una autoridad, pagará una multa de cinco á cincuenta pesos y se le hará un serio apercibimiento.

Si á pesar de esto, se negare segunda vez á comparecer ó á declarar, se duplicará la multa; y de la tercera en adelante se le impondrán diez pesos más de multa por cada vez.

Art. 887. Será castigado con dos años de prision y multa de segunda clase, el que empleando la fuerza el amago ó la amenaza, se oponga á que la autoridad pública ó sus agentes ejerzan alguna de sus funciones, ó resista el cumplimiento de un mandato legítimo ejecutado en la forma legal.

Art. 888. Se equipara á la resistencia y se castigará con la misma pena que ésta, la coaccion hecha á la autoridad pública, por medio de la violencia física ó de la moral, para obligarla á que ejecute un acto oficial sin los requisitos legales, ú otro que no esté en sus atribuciones.

Art. 889. Si la resistencia ó la coaccion se hicieren empleando armas, ó por màs de tres y me

nos de diez individuos, ó los culpables consiguie
en su objeto, se aumentarán seis meses de pri-
ion por cada una de estas circunstancias; á menos que de la intervencion de alguna de ellas re
sulte un delito que merezca una pena mayor.

Si la resistencia se hiciere por más de diez per
sonas, se procederá con arreglo á los artículos
182 y 183.

CAPITULO IX.

Ultrajes y atentados contra los funcionarios públicos.

Art. 290. El que por escrito, de palabra ó de cualquier otro modo injurie en lo privado al Gobernador del Estado, cuando se halle ejerciendo sus funciones, ó con motivo de ellas, será castigado con una multa de cincuenta á quinientos pesos, con arresto de uno á once meses ó con ambas penas.

Art. 891. Se castigará con arresto de quince dias á seis meses, con multa de veinticinco á doscientos pesos, ó con ambas penas, al que en lo privado injurie de palabra, por escrito ó de cual-

quier otro modo, á un individuo del Poder Legislativo, á un Ministro del Supremo Tribunal de Justicia, al Secretario del Gobierno ó al Administrador general de rentas, en el acto de sus funciones ó con motivo de ellas.

Si la injuria se verificare en una sesion del Congreso ó en una audiencia de un Tribunal, la pena será de dos meses de arresto á dos años de prision y la multa de cien á quinientos pesos.

Art. 892. Al que en los mismos términos y concurriendo los propios requisitos del artículo anterior, injuriare á un Jefe político, á un Juez de Partido ó municipal, al Promotor fiscal, á un Diputado de Minería, á un Munícipe ó á un Visitador de cualquier ramo de la administracion, se castigará con la pena de ocho dias á cuatro meses de arresto, con multa de diez á cien pesos ó con ambas.

Art. 893. Se impondrá la pena de arresto de ocho dias á tres meses ó multa de cinco á cincuenta pesos ó ambas penas segun las circunstancias, al que en los términos y con los requisitos que exije el artículo anterior, injurie al que manda una fuerza pública á uno de sus agentes ó d(

la autoridad ó cualquier otra persona que tenga carácter público y no sea de las mencionadas en los artículos anteriores.

Art. 894. Cuando se ultraje á las personas de que se trata en los artículos que preceden, infiriéndoles uno ó más golpes simples ó haciéndoles alguna otra violencia semejante, se impondrán al reo las penas siguientes:

I. Cuatro años de prision cuando se infieran al Gobernador del Estado.

II. Tres años de prision cuando el ofendido sea alguna de las personas y en los casos de que hablan los arts 891 y 892.

III. De seis meses de arresto á dos años de prision en el caso del art 892.

Art. 895. Cuando se infiera una lesion se aplicará la pena que corresponda aumentada en los términos siguientes:

I. Con tres años de prision si el ofendido fuere el Gobernador del Estado.

II. Con dos si el ofendido fuere alguna de las personas mencionadas en los arts 891 y 892.

III. Con un año si fuere de los enumerados en el art 893.

Pero en ninguno de estos tres caso podrá pas
sar el término medio de la pena de diez años de
prision.

Art. 896. Cuando se intente quitar la vida ó
privar de la libertad á las personas de que hablan los arts 891 á 893, se impondrán las penas
correspondientes al conato, al delito intentado ó
al fusirado agravados en los términos siguientes:

I. Con dos años de prision si el ofendido fuere
el Gobernador del Estado.

II. Con un año cuando lo sea alguna de las
personas de que hablan los arts 891 y 892.

III. Con seis á once meses de arresto si se
tratare de alguna de las personas mencionadas
en el art 893.

Art. 897. Los ultrajes hechos á un miembro
del Congreso, no podrán castigarse sino por que
ja del ofendido ó de la Cámara, excepto el caso
de delito infraganti.

Art, 898. Cuando el ultraje se haga á la auto
ridad y no á la persona del que la ejerza, no ten
drá éste derecho de perdonarlo y se procederá
de ofieió, excepto en el caso del artículo que pre
cede.

Art. 899. En todos los casos de que se trata en este capítulo, si el delito se cometiere públicamente ó en lugar público, esta circunstancia se tendrá como agravante de cuarta clase.

CAPITULO X.

Asonada ó motin.—Tumulto.

Art. 900. Se dá el nombre de asonada ó motin, á la reunion tumultuaria de diez ó mas personas, formada en calles, plazas ú otros lugares públicos, con el fin de cometer un delito que no sea el de traicion, el de rebelion, ni el de sedicion.

Art. 901. La simple asonada se castigará con multa de diez á cien pesos y arresto de ocho dias á once meses, ó solo con una de estas dos penas á juicio del juez, segun la gravedad del caso.

Art. 902. Cuando los reos de asonada ejecuten los hechos que se propusieron, ó cualquier otro acto punible, se observarán las reglas de acumulacion.

Art. 903. Cuando una reunion pública de tres ó mas personas que, aun cuando se forme con un fin lícito, degenere en tumulto y turbe la tranquilidad ó el reposo de los habitantes, con gritos, riñas, ú otros desórdenes, serán castigados los delincuentes con arresto menor y multa de primera clase, ó con una sola de estas penas, á juicio del juez.

CAPITULO XI.

Embriaguez habitual.

Art. 904. La embriaguez habitual que cause escándalo, se castigará con arresto de dos á seis meses y multa de diez á cien pesos.

Es ébrio habitual el que ha sido castigado co rreccionalmente tres veces en un año, ó el que aunque no haya sido castigado, se ha embriagado seis veces en el mismo término causando escándalo.

Art. 905. Si el delincuente hubiere cometido en otra ocasion algun delito grave, hallándose ébrio, sufrirá la pena de cinco á once meses de arresto y multa de diez á cien pesos.

CAPITULO XII.

Delitos contra la indusiria ó comercio ó contra la libertad en los remates públicos.

Art. 906. Se impondrán de ocho dias á tres meses de arresto y multa de cinco á quinientos pesos, ó una sola de estas dos penas, á los que formen un tumulto ó motin, ó empleen de cualquiera otro modo la violencia física ó moral, con el objeto de hacer que suban ó bajen los salaries ó jornales de los operarios, ó de impedir el libre ejercicio de la industria ó el trabajo.

Art. 907. Los que divulgando hechos falsos ó calumniosos, ó valiéndose de cualquiera otro medio reprobado, logren la alza ó baja en el precio de alguna ó algunas mercancías, ó de documentos al portador de crédito público del Estado, ó de un banco legalmente establecido, serán castigados con la pena de dos meses de arresto á dos años de prision y multa de cien á mil pesos.

Art. 908. El que, poniendo en práctica alguno de los medios de que habla el artículo anterior, hiciere perder el crédito á una casa de comercio, será castigado con la pena de tres meses de arresto á tres años de prision y multa de cien á mil pesos, sin perjuicio de la responsabilidad civil.

Si no resultare daño alguno, la pena se reducirà á la mitad.

Art. 909. Los que formen un motin, tumulto ó riña, con el objeto de provocar el pillaje en una feria ó mercado, ó para que intimidados los vendedores vendan sus mercancías á precio inferior, serán castigados con la pena de dos meses de arresto á dos años de prision.

CÓDIGO CRIM.—37

Esta pena se aumentará en un tercio respecto de los cabecillas ó motores.

Art. 910. Se impondrán de quince dias á seis meses de arresto y de diez á doscientos pesos de multa, à los que, al verificarse un remate público, ó antes de él, hagan uso de la violencia física ó moral, á fin que no haya postores, ó de que no tengan éstos la libertad necesaria para hacer sus posturas.

TITULO IX.

Delitos contra la seguridad pública.

CAPITULO I.

Evasion de presos.

Art. 911. Cuando el encargado de conducir ó custodiar un preso, lo ponga indebidamente en libertad ó proteja su fuga, será castigado con las penas siguientes:

I. Con cinco años de prision, cuando el delito imputado al preso tenga señalada como pena la capital ó diez años de prision.

II. Con tres años de prision, si la pena del delito no bajare de seis ni llegare á diez años de prision.

III. Con año y medio de prision, si la pena del delito imputado pasare de tres años de prision y no llegare á seis.

IV. Con arresto mayor, si la pena del delito imputado no pasare de tres años de prision.

Las penas de que hablan las fracciones anteriores, irán siempre acompañadas de destitucion de empleo.

Art. 912. El particular que hallándose encargado de la conduccion ó custodia de un preso ó detenido, cometa el delito de que habla el artículo anterior, incurrirá en la mitad de las penas señaladas en dicho artículo, excepto lo que expresa el último aparte.

Art. 913. Cuando el custodio proporcione la fuga empleando la violencia física ó la moral, ó por medio de fractura, horadacion, escavacion, escalamiento, ó de llaves falsas, se le aplicará la pena que corresponda con arreglo al artículo que precede, pero aumentada con dos años de prision.

Art. 914. Si la fuga se verificare por pura negligencia del custodio, se impondrá á éste la tercia parte de la pena que se le aplicaría si hubiera habido connivencia de su parte.

Si fuere particular el custodio, sufrirá la mitad de esa pena siempre que se le hayan dado por la autoridad los medios eficaces para custodiar al reo.

Art. 915. La pena de que habla el artículo anterior, cesará al momento en que se logre la reaprehension del prófugo, si ésta se consiguiere por las gestiones del custodio responsable, y antes de que pasen cuatro meses contados desde la evasión.

Art. 916. Cuando el que proporcione la fuga de un preso, no sea el encargado de su custodia, se le aplicarán las dos tercias partes de la pena que corresponda con arreglo á los artículos 911, 912 y 913.

Esta regla no comprende á las ascendientes, descendientes ó hermanos del prófugo, ni á sus parientes por afinidad en los mismos grados; pues están exentos de toda pena, exceptuando el caso del art. 913, en el cual se les impondrá un año de prision.

Art. 917. No se comprende en el artículo anterior el caso de que uno ó varios individuos atacaren en el camino á los conductores de uno ó más presos y por la fuerza consiguieren la evasion de éstos; pues tales agresores sufrirán las penas que señala el art. 916 y cuatro años de prision.

Cuando los que así lograren la fuga de los reos, fueren de las personas á que se refiere el aparte del artículo precedente, sufrirán dos años de prision en el caso de ser penados.

Art. 918 En los casos de los arts. 911, 912, 913, 914 y 916, si fueren varios los reos cuya fuga se protegiere, se aplicarán las reglas de acumulacion,

Art. 919. El que proporcione la fuga de todas las personas que se hallen detenidas en una prision, sufrirá diez años de esta pena, si no fuere el el encargado del establecimiento, ó algun empleado que deba vigilar por la seguridad de los presos. Siéndolo, se considerará esta circunstan cia como agravante de cuarta clase, y quedara destituido de su empleo ó inhabilitado por diez años para obtener otro.

Art. 920. El reo que se fugue de su prision ó al ser conducido preso, no incurrirá en pena alguna.

I. Si su captura ó prision ha sido ordenada por autoridad incompetente.

II. Cuando no medie violencia en las personas de los custodios horadacion, escalamiento ó fractura, ó el uso de llaves falsas, sino el simple descuido ó negligencia de los custodios.

III. Cuando aunque se empleen los medios que refiere la fraccion anterior, resultare al ser sentenciado el reo, que era inocente del delito que había motivado su prision.

En este caso solo habrá lugar á penar la violencia si causó algun daño á los custodios ó á otra persona, segun el delito que importe ese daño.

Art. 921. El preso que se fugue confabulándose con otros, empleando violencias sobre las personas de los custodios, horadando las paredes, hos ó muros, escalando, fracturando las puer tas, rejas ó cerrojos, ó empleando llaves falsas, sufrirá las penas del art. 913, excepto la que señala en la parte final.

Art. 922. Siempre que la fuga se verifique simultáneamente por dos ó mas presos no probando éstos que obraron separadamente y sin prévio acuerdo ú obligados por miedo ó fuerza mayor, se reputará la fuga como cometida mediando confabulacion.

Art. 923. Si al ejecutarse la fuga se cometiere homicidio, heridas, cohecho ú otro delito, se observarán las reglas de acumulacion.

Art. 924. Todos los que cooperen á la fuga de un preso, quedarán solidariamente obligados á cubrir la responsabilidad civil del prófugo, excepto cuando sean sus descendientes, ascendientes ó hermanos, ó sus parientes por afinidad en los mismos grados, y no hayan empleado los medios de que habla el art. 813.

CAPITULO II.

Quebrantamiento de condena.

Art. 925. Al reo que se fugue estando con-
ado á las penas de prision ó reclusion, no se
ontará el tiempo que pase fuera del estable-
iento á que esté destinado, ni se tendrá en
ita la buena conducta que haya tenido antes
fuga; y una vez reaprehendido, se le impon
las agravaciones que se estimen convenie-
le las expresadas en el art. 93.

rt. 926. El extranjero condenado á destierro
Estado que vuelva á él, será expulsado de
o despues de sufrir dos años de prision.

rt. 927. El reo condenado á destierro del Es
que no sea extranjero y vuelva á él antes de
plir su condena, sufrirá la pena de reclusion
el tiempo que le falte para cumplir la de des
o

Art. 928. Los reos condenados á confinamiento que se separen del lugar designado en su conde na, sufrirán la pena de reclusion en el mismo lugar ó en el más inmediato, por el tiempo que les falte para extinguir aquella.

Art. 929. El desterrado del lugar de la residen cia que vuelva á él antes de cumplir su condena, sufrirá la pena de confinamiento por el tiempo que le falte para extinguir aquella, y quedará sujeto á la vigilancia de segunda clase.

Art. 930. El reo sometido á la vigilancia de segunda clase que no cumpla con lo que previe ne la segunda parte del art 166 sufrirá de quince dias á dos meses de arresto.

Art. 931. El reo suspenso en su profesion ó inhabilitado para ejercerla que quebrante su con dena, sufrirá una multa de segunda clase.

Art. 932 Las penas de que hablan los artículos anteriores serán aplicadas sumariamente por el tribunal que en sentencia irrevocable impuso la condena quebrantada.

CAPITULO III.

Asociaciones formadas para atentar contra las personas ó la propiedad.

Art. 933. El solo hecho de asociarse tres ó más individuos con el objeto de atentar contra las personas ó contra la propiedad, cuantas veces se les presente oportunidad de hacerlo, es punible en el momento en que los asociados organizan una banda de tres ó más personas.

Art. 934. Los que hayan provocado la asociacion ó sean jefes de alguna de sus bandas ó tengan cualquier mando en ellas, serán castigados con las penas siguientes:

I Con tres años de prision cuando la asociacion se forme para cometer delitos cuya pena no baje de diez años de prision.

II. Con dos años de prision cuando la asociacion se forme para cometer delitos cuya pena no ie de seis años de prision ni llegue á diez.

III. Con seis meses de arresto fuera de los ca
sos indicados en las dos fracciones anteriores.

Art. 935. Todos los demás individuos de la
asociacion que no se hallen comprendidos en el
artículo anterior, serán castigados en los casos de
que hablan las tres fracciones de dicho artículo,
con dos tercios de las penas que en ellos se señalan.

Art. 936 Cuando la asociacion ejecute alguno
de los delitos para cuya perpetracion se forme, se
observarán las reglas de acumulacion.

Art. 937. En los casos de que hablan los artículos anteriores, podrán los jueces aplicar las
prevenciones del art 516.

TITULO X.

ATENTADOS CONTRA LAS GARANTIAS CONSTITUCIONALES.

CAPITULO I.

Delitos cometidos en las elecciones populares.

Art. 938 El encargado de expedir las boletas
que dé una á quien no esté ni deba estar empa-

dronado en la seccion y el empadronador que á sabiendas empadrone á personas que no deba ó supuestas, serán castigados con la pena de tres á seis meses de reclusion y multa de cinco á cien pesos.

Art. 939. Siempre que no se hagan en público y en las mismas casillas electorales los actos de instalar las mesas, extender las actas, firmarlas y expedir las credenciales á los electores, se impondrán á los culpables una multa de cinco á cien pesos.

Art. 940. El que en una eleccion compre ó venda un voto, será condenado á pagar una multa del quíntuplo de lo que diere ó prometiere, ó de lo que se le prometa ó reciba.

Art. 941. El que á sabiendas presente una boleta falsa ó como suya una ajena, ó vote sabiendo que no tiene derecho de hacerlo, sufrirá de uno á tres meses de reclusion y pagará una multa de cinco á cien pesos.

Art. 942. Se castigará con reclusion de uno á seis meses y multa de diez á doscientos pesos:

I. Al que por medio de la astucia ó del eng

ño, quite á un votante ó á un elector su boleta ó su cédula y las sustituya con otras.

II. Al que abusando de la ignorancia de algun votante que no sepa leer, asiente en la boleta ó cédula de éste, el nombre de una persona diversa de la que le designe.

III. Al que en un colegio electoral, vote por un elector ausente, tomando su nombre.

Art. 943. Serán castigados con la pena de un mes á un año de reclusion y una multa de diez á cien pesos:

I. Los que por medio de un tumulto, motin ó asonada, ó de la violencia física ó moral, obliguen á un votante á dar ó negar su voto à persona determinada, ó impidan que uno ó más ciudadanos den libremente su voto.

1 II. Los que tumultuariamente ó por medio de la violencia física ó moral, impidan que se instalen las mesas de las casillas, ó lancen de ellas ó de los colegios electorales á los individuos que formen aquellas ó éstos.

Art. 944 Se impondrán seis meses de reclusion y multa de veinte á trescientos pesos:

1. Al que estando encargado de una eleccion

pública, de formar el cómputo de votos, sustraiga, suplante, agregue ó falsifique alguna boleta ó cédula.

II. Al que estando encargado de leer los nombres de los elegidos, proclame otros diversos de los inscritos por los votantes.

III. Al que falsifique, sustraiga, ó suplante las actas, las listas de escrutinio, ó cualquiera otra pieza de un expediente de eleccion, si no fuere individuo de la mesa ó de la junta electoral.

Si lo fuere, se le impondrá un año de reclusion y multa de veinticinco á quinientos pesos.

Art. 945. Todo elector que, sin causa justa y comprobada, deje de concurrir á una eleccion secundaria, ó se separe antes de que ésta termine, quedará suspenso en los derechos de ciudadano por un año, y sufrirá una multa de diez á cien pesos.

Pero si además concurriere á otro colegio electoral ilegalmente formado, se triplicará la pena.

Art. 946. Los delincuentes de que se habla en los artículos 940, 941 y 942, quedarán privados de voto activo y pasivo en la eleccion en que delincan.

Los comprendidos en el art. 938, en la fraccion 1ª del 943 y en el 944, quedarán suspensos por tres años del voto activo y pasivo en toda eleccion pública.

Además se impondrá la pena de privacion de empleo, si el delito lo cometiere un funcionario público abusando de sus funciones.

Art. 947. Cualquiera otro fraude que se cometa en una eleccion infringiendo algunas prescripciones de la ley orgánica electoral, que no esté penado en la misma ley, se castigará con multa de cinco á quinientos pesos, con reclusion de tres dias á tres meses, ó con ambas penas, segun las circunstancias.

CAPITULO II.

Delitos contra la libertad de imprenta.

Art. 948. El que, empleando la violencia física ó moral, impidiere á alguno que imprima ó publique sus pensamientos, sufrirá las penas señaladas en los artículos 442 á 444.

Art. 949. Si el delito de que habla el artículo anterior se cometiere por un funcionario público, con el fin de impedir que se examine su conducta ó se publique alguno de sus actos oficiales, las penas señaladas en el artículo anterior y destitucion de empleo.

CAPITULO III.

Violacion de correspondencia y de despachos telegráficos.—Supresion de éstos.

Art. 950. Se impondrá un año de prision y multa de cincuenta á quinientos pesos, á cualquier particular que voluntaria y fraudulentamente, abra una carta ó pliego cerrados.

Esta misma pena se impondrá por la violacion de un telegrama cerrado.

Art. 951. El funcionario público que cometa por sí mismo el delito de que habla el precedente artículo, que lo mande cometer, ó consienta que lo cometa otro, sufrirá dos años de prision y multa de cien á mil pesos, y quedará destituido de su cargo é inhabilitado para obtener otro por un término que no baje de cuatro años ni exceda de seis.

Art. 952. Si la violacion de una carta ó pliego cerados, tuviere por objeto apropiarse alguna libranza, letra de cambio, ó cualquiera otro documento, contenido en la carta ó pliego, ó cometer cualquiera otro delito, se observarán las reglas de acumulacion.

Art. 953. Las penas señaladas en el art. 950 se aplicarán al empleado de un telegrafo que dolosamente deje de trasmitir un despacho que se le entregue con ese objeto, ó de comunicar al interesado el que haya recibido de otra oficina, á menos que la ley le prohiba hacerlo.

CAPITULO IV.

Ataque á la libertad individual.-Allanamiento de morada Registro ó apoderamiento de papeles.

Art. 954. Todo funcionario ó agente de la autoridad ó de la fuerza pública, que haga dete ner ó aprehender ilegalmente á una ó mas personas, ó las conserve presas ó detenidas debiendo ponerlas en libertad, será castigado con las penas siguientes:

I. Con arresto de tres á once meses y multa de cien á quinientos pesos, cuando la prision ó detencion no pase de diez dias.

II. Con uno á dos años de prision y multa de segunda clase, cuando la prision ó detencion pa se de diez dias, pero no excedan de treinta.

III. Con dos á cuatro años de prision y multa de segunda clase, cuando la prision ó detencion pasen de treinta dias.

Art. 955. El alcaide ó encargado de una pri

sion que, sin los requisitos legales, reciba como presa ó detenida á una persona, ó la conserve en este estado mas tiempo del permitido en la Constitucion, sin dar parte de ese atentado á la autoridad política, si el abuso es de la judicial, ó á esta si la falta es de aquella, sufrirá seis meses de arresto, sino pasare de diez dias la detencion ó prision del ofendido.

Si éste estuviere preso mas tiempo, se aumentará á la pena un mes mas por cada dia de exceso.

Art. 956. El funcionario que alegue como excusa, haber firmado por sorpresa la órden que autorice alguno de los actos mencionados en los dos artículos que preceden, tendrá obligacion de hacer que cesen sus efectos, y poner al culpable á disposicion del juez competente para que lo castigue.

En caso contrario, será responsable del delito, como si se hubiera cometido por su mandato.

Art. 957. Todo funcionario que teniendo conocimiento de una prision ó detencion ilegales, no las denunciare á la autoridad competente ó no las haga cesar, si esto estuviere en sus atribu ciones, sufrirá la pena de uno á ocho meses de arresto y multa de veinticinco á trescientos pesos.

Art. 958. Los funcionarios que cometan los delitos de que se habla en los cuatro artículos que preceden, además de las penas que en ellos se señalan, serán destituidos de su empleo ó cargo é inhabilitados para obtener otro, por un tiempo que no baje de seis meses ni exceda de doce.

Art. 959. Se impondrá la pena de ocho dias á seis meses de arresto y multa de diez á cien pesos, à todo empleado ó agente de la fuerza pública, y á cualquier otro funcionario que, obrando con esa investidura, se introduzca á una finca sin permiso de la persona que la habite, á no ser en los casos y con las formalidades que la ley exija.

Art. 960. El registro ó apoderamiento de papeles, ejecutados por las personas de que habla el artículo anterior, sin los requisitos y fuera de los casos en que la ley lo permita, se castigará con arresto de uno á seis meses y mu'ta de diéz á doscientos pesos.

Art. 961. Los funcionarios que cometan los delitos de que hablan los dos artículos anteriores, además de las penas señaladas en ellos, sufrirán la de suspension de empleo de tres á seis meses.

CAPITULO V.

Violacion de algunas otras garantías y derechos concedidos por la Constitucion.

Art. 962. El que obligue á otro sin consentimiento de éste, á prestar trabajos personales sin la retribucion debida, será condenado al pago de una multa igual al monto de los salarios que debió dar, sin perjuicio de satisfacer el importe de éstos.

Si empleare la violencia física ó moral, se le impondrán además dos años de prision.

Art. 963. El que valiéndose del engaño, de la intimidacion, ó de cualquiera otro modo, celebre con otro un contrato que prive á éste de su libertad, ó le imponga condiciones que lo constituyan en una especie de servidumbre, será castigado con arresto mayor y multa de doscientos á dos mil pesos, y quedará rescindido el contrato, sea éste de la clase que fuere.

Art. 964. El que se apodere de una persona y la entregue á otro, con el objeto de que éste celebre el contrato de que habla el artículo anterior, será condenado á dos años de prision y multa de doscientos á dos mil pesos.

Art. 965. El funcionario público que, fuera de los casos y sin los requisitos que para la expropiacion exija la ley, prive á otro de su propiedad, será destituido de su empleo ó cargo, y si éste fuere concejil, se le impondrá una multa de quinientos á dos mil pesos.

Art. 966 Cualquiera otro acto arbitrario y atentatorio á los derechos garantidos en la Constitucion, y que no tenga señalada pena especial en este Código, será castigado con arresto mayor

y multa de segunda clase, con aquél solo, ó sola
mente con ésta, á juicio del juez, segun la grave
dad y circunstancias del caso.

TITULO XI.

Delitos de los funcionarios públicos en el ejercicio de sus funciones.

CAPITULO I.

Anticipacion ó prolongacion de funciones públicas, Ejercicio de las que no competen á un funcionario. —Abandono de comision, cargo ó empleo.

Art. 967. El funcionario público que ejerza
las funciones de su empleo, cargo ó comision, sin
haber tomado posesion legítima y llenado todos
los requisitos legales, será castigado con una
multa de diez á doscientos pesos, y no tendrá derecho al sueldo ó remuneracion que le es

COD, CRO.—40

tén asignados, ni á emolumento alguno, sino des
de el dia en que tiene dichos requisitos.

Art. 968. Todo el que continúe ejerciendo las
funciones de un empleo, cargo ó comision, despues de saber que se ha revocado su nombramien
to ó que se le ha suspendido ó destituido legalmente, sufrirá la pena de arresto de seis á once
meses, devolverá los sueldos que haya recibido
desde el dia en que debió cesar en sus funciones,
y pagará otra cantidad igual por vía de multa.

Esa misma pena se impondrá al funcionario
nombrado por tiempo limitado, que continúe ejer
ciendo sus funciones despues de cumplido el tér
mino por el cual se le nombró.

Art. 969. Lo prevenido en los artículos que
preceden, no comprende el caso en que el funcio
nario público que debe cesar en sus funciones,
continúe en ellas entre tanto se presente la persona que haya de reemplazarlo; á menos que en
la órden de separacion se exprese que ésta se ve
rifique desde luego y la ley no lo prohiba.

Art. 970. El funcionario público ó agente del
Gobierno, que suponga tener alguna otra comision, empleo ó cargo que el que realmente tien

perderá éste y sufrirá la pena que corresponda con arreglo al art. 739.

Art. 971. El empleado público que ejerza fun ciones que no le correspondan por su empleo, car go ó comision, será castigado con la pena de sus pension de dos á seis meses, ó con arresto mayor y destitucion, segun fuere la gravedad del delito.

Art. 972. El que, sin habérsele admitido la renuncia de una comision, empleo ó cargo, ó antes de que se presente persona que haya de reem plazarle, lo abandone, quedará separado de la comision, empleo ó cargo, ó inhabilitado por un año para obtener cualquiera otros, si no resulta re daño ni perjuicio. En caso contrario, se impon drá además, la pena de arresto mayor.

CAPITULO II.

Abuso de autoridad.

Art. 973. Se impondrán tres años de prision á todo funcionario público, agente del Gobierno ó su comisionado, sea cual fuere su categoría que para impedir la ejecucion de una ley, decreto ó reglamento ó el cobro de un impuesto pida auxilio á la fuerza pública ó la emplee con ese objeto.

Art. 974 Si el delito de que se habla en el artículo próximo anterior, se cometiere con el objeto de impedir el cumplimiento de una sentencia irrevocable la pena será de dos años de prision.

Si se tratare de un simple mandamiento ó providencia judicial ó de una órden administrativa la pena será de un año.

Art. 975. Si el delincuente consiguiere su ob
jeto en los casos de los artículos anteriores, se
aumentará un año á las penas que ellos señalan,
excepto cuando resulte otro delito de haber hecho uso de la fuerza pues entonces se observarán
las reglas de acumulacion y el art 552.

Art. 976. Cuando un funcionario público, agen
te ó comisionado del Gobierno ó de la policía, el
ejecutor de un mandato de la justicia ó el que man
de una fuerza pública ejerciendo sus funciones ó
con motivo de ellas hiciere violencia á una perso
na sin causa legítima, será castigado con la pena
de arresto mayor si no resultare daño al ofendido.

Cuando le resulte se aumentará un año de prision á la pena correspondiente al daño excepto el
caso en que sea la capital, pues entonces se apli
cará sin agravacion alguna.

Art. 977. El funcionario que en un acto de sus
funciones véjare injustamente á una persona ó la
insultare, será castigado con multa de diez á cien
pesos y arresto menor ó con una sola de estas dos
penas segun la gravedad del delito á juicio del
juez.

Art. 978. El funcionario público que indebida

mente retarde ó niegue á los particulares la pro
teccion ó servicio que tenga obligacion de dispen
sarles ó impida la presentacion ó el curso de una
solicitud, será castigado con multa de diez á cien
pesos.

Art. 979. El funcionario público que viole la
segunda parte del art 21 de la Constitucion fede
ral y art 12 de la del Estado imponiendo una
pena correccional mayor que la que estos artículos
permiten, sufrirán dos tercios de la diferencia
que haya entre la pena impuesta y la del citado
artículo

Art. 980. El funcionario que infrinja la segun
da parte del art 8° de la Constitucion federal
y la segunda parte también del art 8° de la del
Estado, será castigado con extrañamiento ó mul
ta de diez á cien pesos.

Art. 981. Todo juez y cualquiera otro funcionario público que, bajo cualquier pretexto, aunque sea el de oscuridad ó silencio de la ley, se
niegue á despachar un negocio pendiente ante
él, pagará una multa de diez á cien pesos, y podrá condenársele además, en la pena de suspension de empleo de tres meses á un año, si la gra
vedad del caso lo exigiere.

Art. 982. Todo jefe, oficial ó comandante de una fuerza pública que, requerido legalmente por una autoridad civil para que le preste auxilio, se niegue indebidamente á dárselo, será castigado con la pena de arresto mayor.

Art. 983. El funcionario público que, teniendo á su cargo caudales del erario, les dé una aplicacion pública distinta de aquella á que estuvieren destinados, ó hiciere un pago ilegal, quedará suspenso en su empleo, de tres meses á un año. Pero si resultare daño ó entorpecimiento del servicio, se le impondrá además, una multa del cinco al diez por ciento de la cantidad de que dispuso.

Art. 984. El funcionario público que, abusando de su poder, haga que se le entreguen algunos fondos, valores ú otra cosa que no se le habian confiado á él, y se los apropie ó disponga de ellos indebidamente por un interés privado, sea cual fuere su categoria, será castigado con las penas del robo con violencia, destituido de su empleo ó cargo, é inhabilitado para obtener otro,

COD. ENO—47

CAPITULO III.

Coalicion de funcionarios.

Art. 985. Se impondrá la pena de arresto mayor, á los funcionarios que acuerden medidas contrarias á una ley ó á un reglamento de ella ó de algun ramo de la administracion pública.

Art. 986. Cuando el acuerdo tenga por obje to impedir la ejecucion de una ley ó reglamento de los mencionados en el artículo anterior, se aplicarán dos años de prision y destitucian de empleo.

Si el concierto se verificare entre las autorida des civiles y algun cuerpo militar ó sus jefes, la pena será de seis años de prision.

Art. 987. Los funcionarios públicos que, de común acuerdo con otros, hagan dimision de sus puestos con el fin de impedir ó suspender la administracion pública en cualquiera de sus ramos, serán castigados con la pena de arresto mayor, multa de veinticinco á doscientos pesos y destitucion de empleo.

Además, se les podrá inhabilitar por cinco años para obtener cualquiera otro empleo, cuando el juez lo crea justo, atendida la gravedad del delito y sus consecuencias:

CAPITULO IV.

Cohecho.

Art. 988. Toda persona encargada de un servicio público, sea ó [no funcionario, que acepte ofrecimientos ó promesas, ó reciba dones ó regalos, ó cualquiera remuneracion, por ejecutar un acto justo de sus funciones que no tenga retribucion señalada en la ley, será castigada con suspension de empleo de tres meses á un año y una multa igual al duplo de lo que reciba.

Art. 989. El cohechado por ejecutar un acto injusto, ó por dejar de hacer otro justo, propio de sus funciones, será castigado con la pena de tres meses de arresto á dos años de prision, multa igual al duplo del cohecho, y suspension de empleo de tres meses á un año, sin perjuicio de lo prevenido en la segunda parte del art. 145, si el acto ó la omision no hubieren llegado á verificarse.

En caso contrario, sufrirá de uno á tres años de prision, pagará la multa susodicha, y será destituido de su empleo ó cargo ó inhabilitado perpetuamente para obtener otro en el mismo ramo.

Art. 990. Lo prevenido en el artículo anterior se entiende del caso en que el culpable acepte el cohecho por ejecutar un acto injusto que no sea en sí delito. Si lo fuere, se aplicarán las penas de que se habla al fin del artículo anterior, por la sola aceptacion del cohecho, y cuando el delito llegare à ejecutarse, se observarán las reglas de acumulacion.

Art. 991. En todo caso en que el cohecho consista en ofrecimientos, promesas ó cosas que no sean estimables en dinero, en lugar de las multas de que hablan los artículos anteriores, se impondrá una de segunda clase.

Art. 992. Se tendrán como circunstancias agravantes de cuarta clase:

I. Ser el cohechado juez, jurado, asesor, árbitro, arbitrador ó perito.

II. Que el cohecho se verifique á instancia del cohechado.

Art. 993. No se librará de las penas del cohecho, el que lo reciba por medio de otro, ni el que, por faltar á sus deberes, estipule que se dé alguna cosa, ó se preste un servicio á otra persona.

Art. 994. El que por un acto ejecutado en desempeño de funciones públicas, reciba de la persona interesada en dicho acto, ó de otra en su nombre, un presente regalo ó agasajo, será castigado con extrañamiento y una multa igual al duplo de lo recibido.

Art. 995. En todos los casos de los artículos anteriores, caerá en comiso lo que haya recibido el cohechado y se aplicará al fondo de indemnizaciones.

Art. 996. El corruptor, en los casos de que hablan los articulos que preceden, sufrirá por regla general las mismas penas del cohechado, menos la de suspension de empleo é inhabilitacion.

Art. 997. Se exceptúa de lo prevenido en el artículo anterior, el caso en que la pretension del corruptor sea justa, y haya hecho el soborno á instancia del cohechado. Entonces solo se le impondrá una multa igual al monto del cohecho.

Art. 998. La tentativa del cohecho se castigará con la pena de ocho dias á seis meses de arresto y multa de diez á cien pesos.

Art. 999. Las personas que intervengan en el cohecho á nombre del corruptor ó del cohechado, serán castigados como cómplices.

CAPITULO V.

Peculado y concusion.

Art. 1000. Comete el delito de peculado toda persona encargada de un servicio público, aunque sea en comision por tiempo limitado y no tenga el carácter de funcionario, que para usos privados propios ó ajenos, distraiga de su objeto, dolosamente el dinero, valores, fincas, ó cualquiera

con. crí.—43

otra cosa perteneciente al Estado, á un municipio ó á un particular, si por razon de su encargo
los hubiere recibido en administracion, en depósito ó por cualquiera otra causa.

Art. 1001. No servirá de excusa al que cometa el delito de peculado, el haber hecho la dis-
traccion con ánimo de devolver, con sus réditos
ó frutos aquello de que dispuso.

Art. 1002. El peculado se castigará con las penas siguientes:

I. Con arresto mayor y multa de diez á cien
pesos, si el valor de lo sustraido no pasare de
cien pesos.

II. Con uno á dos años de prision y multa de
cuarenta á quinientos pesos, cuando el valor de
lo sustraido pase de cien pero no de quinientos
pesos.

III. Cuando pase de quinientos pesos, se aumentará á las penas de la fraccion anterior dos
meses más de prision y cien pesos de multa, por
cada cincuenta pesos de exceso; sin que la prision pueda exceder de diez años ni de mil pesos
la multa.

IV. Además de las penas de que hablan las

fracciones anteriores, se impondrán en todo caso la de destitucion de empleo ó cargo é inhabilitacion perpetua para obtener otros en el mismo ramo, y por diez años para los del ramo diverso.

Art. 1003. Se exceptúa de lo prevenido en la fraccion segunda del artículo que precede, el caso en que el reo de peculado se fugue para sustraerse al castigo, pues entonces en vez del tiempo de prision de que habla la fraccion susodicha, se le impondrán tres años.

Art. 1004. Las penas de que hablan los dos artículos anteriores, se reducirán á arresto menor, si dentro de los tres dias siguientes á aquél en que se descubrió el delito, devolviere el reo lo sustraído.

Pero cuando haga la devolucion despúes de ese término y antes de que recaiga una sentencia definitiva, la pena se reducirá á la tercia parte de la que corresponda con arreglo á dichos artículos.

Este artículo se entiende sin perjuicio de la destitucion é inhabilitacion de que habla la fraccion última del artículo anterior y de la multa correspondiente.

Art. 1005. El conato de peculado se castigará con la pena de destitucion de empleo.

Art. 1006. Comete el delito de concusion el encargado de un servicio público que con el carácter de tal y á titulo de impuesto ó contribucion, recargo, renta, rédito, salario ó emolumento exija por sí ó por medio de otro, dinero, valores servicios ó cualquiera otra cosa que sepa no ser *de*bida ó en mayor cantidad que la señalada por la ley.

Art. 1007. Los funcionarios públicos que cometan el delito de concusion, serán castigados con destitucion de empleo, inhabilitacion para obtener otro por un término de dos á seis años y multa del duplo de la cantidad que hubiere recibido indebidamente. Si ésta pasare de cien pesos se le impondrá la pena de tres meses de arresto á dos años de prision.

Art. 1008. La pena corporal y la multa que señala el articulo anterior, se aplicarán, también á los encargados ó comisionados de un funcionario público que con aquella investidura cometan el delito de concusion.

CAPITULO VI.

Delitos cometidos en materia penal y civil.

Art. 1009. El juez ó magistrado que dictare ó el asesor que aconsejare dolosamente una senten cia definitiva notoriamente injusta, será castigado con las penas señaladas en los artículos que siguen.

Se tendrá como notoriamente injusta toda sentencia en que se viole alguna disposicion terminante de una ley ó que manifiestamente sea contraria á lo que conste en las actuaciones del juicio en que se dicte ó al veredicto de un jurado:

Art. 1010. Si la sentencia injusta se dictare en causa criminal se observarán estas reglas:

I. Cuando sea condenatoria y se ejecutare, se impondrán al que la dictó dos tercias partes de la pena que impuso al condenado observándose lo prevenido en el art 184,

II. Cuando la sentencia condenatoria no se ha ya ejecutado ni se hubiere de ejecutar, se impondrá al que la dictó la tercia parte de la pena que haya impuesto.

III. Cuando la sentencia sea absolutoria, se impondrá una tercia parte de la pena que debió aplicarse al reo, observando las prevenciones del citado art. 184.

IV. Cuando en la sentencia se imponga una pena mayor que el máximun ó menor que el mínimun legal, se aplicarán dos tercios en el primer caso, y uno en el segundo, de la diferencia que haya entre la pena de la ley y la de la sentencia.

V. Cuando se infrinja el art. 178 de este Cód, gs, sustituyendo las penas señaladas en la ley con otras menores ó mayores, se aplicará la pena de suspension por un año en el primer caso y la de destitucion en el segundo.

Art. 1011. En los casos de que hablan las tres primeras fracciones del artículo que precede, se impondrá tambien al reo las penas de destitucion de empleo é inhabilitacion perpetua para la adju dicatura. En el caso de la fraccion 4ª se le impon drá solamente la de destitucion.

Art. 1012. Los jueces y los magistrados que tengan detenido á un acusado, sin dictar dentro de tres dias el auto motivado de prision, serán castigados con las penas que señala el artículo si guiente, segun el tiempo que hubiere trascurri do sin dictar el auto susodicho.

Esto se entiende si hubo motivo legal para la detencion; en caso contrario, se aplicarán las re glas de acumulacion.

Art. 1013. Se impondrá de ocho dias á once meses de arresto y multa de 10 á 200 pesos, ó una sola de estas dos penas, segun las circunstan cias, al juez ó magistrado que infrinja alguna de las tres primeras fracciones del art. 20 de la Cons titucion federal.

Art. 1014. Los jueces ó magistrados que ne garen á un acusado los datos del proceso que sean necesarios para que prepare su defensa, ó no le permitieren rendir las pruebas que promueva para su descargo; ó lo dejaren indefenso, sufrirán la mitad de la pena corporal y de la multa que se les impondría si hubieran pronunciado una sentencia condenatoria injusta, y quedaráln suspensos de seis meses á un año.

Art. 1015. El representante del ministerio público que promueva, instaure ó prosiga un proceso contra una persona, sabiendo que es inocente y conociendo las pruebas de ello, será castigado con las penas señaladas por la prision arbitraria, si el acusado llegare á estar detenido ó preso.

Faltando esta circunstancia, se le impondrá la pena de suspension de tres meses á un año; á no ser que deba ser destituido con arreglo á la segunda parte del art. 145.

Art. 1016. Lo prevenido en el artículo anterior se aplicará tambien al juez ó magistrado que entretanto se establece el ministerio público, proceda de oficio, ó que, á peticion de aquel, proceda contra una persona cuya inocencia esté comprobada.

Art. 1017. El juez ó magistrado que, por de
litos comunes, proceda contra los funcionarios
de que habla el art. 104 de la Constitucion del
Estado, sin preceder la declaracion afirmativa
de que habla su art. 105, será destituido de su
empleo y pagará una multa de cincuenta á dos
cientos pesos.

Art. 1018. El juez ó magistrado que infrinja
el art. 179 de este Código, sufrirá la pena de
suspension de tres meses á un año, y multa de
cincuenta á doscientos pesos.

Art. 1019. El funcionario público que violela
primera parte del art. 21 de la Constitucion fede
ral, la primera del art. 12 de la Constitucion del
Estado y el 177 de este Código, será castigado
con suspension de tres á seis meses, con tres me
ses de arresto á dos años de prision, ó con multa de doscientos á dos mil pesos, segun las circunstancias.

Art. 1020. Cuando se pronuncie en negocio
civil una sentencia irrevocable notoriamente in
justa, será el delincuente destituido de su em
pleo ó inhabilitado para ajercer la judicatura
por un término de cuatro á diez años.

Si la sentencia fuere revocable, revóquese ó no, la pena será de destitucion de empleo.

Art. 1021. Cuando la sentencia definitiva notoriamente injustas se pronuncie por mera ignorancia, en causa criminal, será castigado el reo con la pena de suspension de tres á doce meses y multa de veinte á cien pesos, si fuere la primera vez que comete este delito.

A la segunda se impondrá la pena de destitucion de empleo y doble multa.

Art. 1022. Si la sentencia definitiva notoriamente injusta se dictare por mera ignorancia, en negocio civil, se impondrá una multa de veinte á doscientos pesos, en la primera vez; la pena de suspension de tres meses á un año y la misma multa anterior, en la segunda; y destitucion de empleo y multa de cincuenta á trescientos pesos, en la tercera.

Art. 1023. El juez ó magistrado que, en juicio civil ó criminal, admita recursos notoriamente frívolos ó maliciosos, ó conceda términos manifiestamente innecesarios, ó prórogas indebidas, pagará una multa de diez á cien pesos.

Art. 1024. Cuando la sentencia notoriamente

injusta fuere interlocutoria, ya en negocio civil
ó en causa criminal, el juez ó magistrado que la
pronuncie ó el asesor que la consulte, incurrirá
en la pena de suspension de empleo por dos meses á un año ó multa de segunda clase, ó en am
bas, a juicio del juez, segun la gravedad de los
casos.

Si el asesor fuere voluntario, incurrirá en la
pena de dos á seis meses de suspension en el
ejercicio de su profesion.

Art. 1025. En los casos de que se trata en el
artículo anterior, si la sentencia interlocutoria
notoriamente injusta fuese pronunciada ó aconse
jada por ignorancia, se impondrá al delincuente
la mitad de las penas que dicho artículo señala.

Art. 1026. Si el juez no fuere letrado, solo in
currirá en las penas á que se refieren los artícu.
los del 1020 al 1025, si no consultare con asesor
debiendo hacerlo, ó se apartare del dictámen de
éste.

Art. 1027. Los magistrados y jueces que se
nieguen á admitir alguna demanda puesta en for
ma, y que sea de su competencia, si instados por
a parte insistieren en repelerla sin fundarse en

ley expresa, incurren en la pena de dos á seis me
ses de suspension, y multa de diez á cien pesos;
y si el empleo que tuvieren fuere gratuito, en la
de privacion de los derechos de ciudadano por
dos á cinco años, segun la entidad de la demanda repelida.

Art. 1028. Los jueces que sean omisos en per
seguir los delitos en que debe procederse de oficio incurrirán en la misma pena del artículo anterior.

Art. 1029. Los magistrados, jueces y asesores, si por contravencion á las leyes de procedimientos en la instruccion de los juicios civiles y
criminales dieren lugar á que se declare la nuli
dad de la sentencia y se mande reponer el proce
so, incurren en la pena de suspension de empleo
por dos á seis meses, y si el asesor fuere abogado
particular en la de igual tiempo de suspension de
su profesion.

Art. 1030. Los magistrados y jueces que tenien
do suspensa su jurisdiccion por recusacion legíti
ma, por apelacion ó súplica legalmente admitida
ó por competencia entablada en regla siguiesen
conociendo en el negocio á que se refieran esos re

cursos si no reformaren sus autos ó providencias siéndoles pedido por la parte ú ordenado por el superior respectivo incurren en la pena de dos á seis meses de suspension de empleo.

Art. 1031. El magistrado, juez, secretario ó actuario que no obsequien dos excitativas de justicia ó reciban dos reprensiones por morosidad aun que sea en negocios diversos, pagarán una multa de cinco á cincuenta pesos.

Si dieren lugar á tercera excitativa ó reprension, serán suspensos de seis meses á un año, y á la cuarta serán considerados como reos de morosidad habitual, y destituidos de sus cargos.

Art. 1032. Serán castigados con la pena de destitucion, inhabilitacion perpetua para obtener otro empleo en el mismo ramo, y multa de segunda clase, el magistrado ó juez que, abierta ó encubiertamente, patrocinen á un particular en negocios que se sigan en el territorio de su jurisdiccion, ó que dirijan ó aconsejen pública y secretamente, á las partes que ante ellos litigan.

Art. 1033. Los asesores, los secretarios de los tribunales ó juzgados, y los actuarios que, en negocio en que intervienen, pública ó secrcretamen te dirijan ó aconsejen á alguno de los litigantes, sufrirán la pena de arresto mayor y destitucion de empleo.

Art. 1034. El magistrado, juez, asesor, secretario ó actuario, que en un juicio civil ó criminal en que intervengan como tales, corrompan ó soliciten á mujer que litigue ante ellos, ó que sea citada como testigo, sufrirán la pena de un año de suspension de empleo.

Se exceptúa el caso en que la corrupcion por sí, tenga señalada una pena mayor: entonces se aplicará ésta, teniendo las circunstancias susodichas como agravantes de cuarta clase.

Art. 1035. Los árbitros que siendo letrados estén comprendidos en alguno de los artículos anteriores, incurrirán en la pena de suspension en el ejercicio de la profesion de abogados por el mismo tiempo que los jueces, en su caso, serán suspensos en su empleo.

Si no fueren letrados, incurrirán en una multa de segunda clase.

Art. 1036. Los jueces no letrados comprendidos en alguno de los artículos anteriores, incurrirán en una multa de primera ó segunda clase, segun la gravedad de los casos.

Art. 1037. Los jueces y los magistrados que sean convencidos de embriaguez habitual ó de inmoralidad escandalosa, serán destituidos de su empleo, sin perjuicio de las demás penas en que, como particulares, incurran por sus excesos.

Art. 1038. Las prevenciones de este capítulo, se entienden sin perjuicio de la regla general, que sujeta á todos los delincuentes á la responsabilidad civil, como el delito, causa daños ó perjuicios.

CAPITULO VII.

Sobre algunos delitos de los altos funcionarios del Estado.

Art. 1039. Son delitos oficiales en los altos funcionarios del Estado el ataque á sus instituciones y á la libertad del sufragio, la usurpacion de atribuciones, la violacion de las garantías individuales y cualquiera infraccion, en puntos de gravedad, de la Constitucion del mismo Estado ó de las leyes que de ella emanen.

Art. 1040. La infraccion de la Constitucion ó de las leyes en materia de poca importancia, constituye una falta oficial en los funcionarios á que se refiere el artículo anterior.

Art. 1041. Los mismos funcionarios incurren en omision por la negligencia ó inexactitud en el desempeño de las funciones anexas á sus respectivos encargos.

Art. 1042. El delito oficial se castigará con la destitucion del encargo en cuyo desempeño se haya cometido y con la inhabilidad para obtener el

mismo ú otro encargo ó empleo del Estado ó mu
nicipio por un tiempo que no baje de cinco ni ex
ceda de diez años.

Art. 1043. Son penas de la falta oficial la sus
pension del encargo en cuyo desempeño hubiere
sido ccmetida, la privacion consiguiente de los
emolumentos anexos á tal encargo y la inhabili
dad para desempeñarlo, lo mismo que cualquiera
otro encargo ó empleo del Estado ó de algun mu
nicipio todo por un tiempo que no baje de un año
ni exceda de cinco.

Art. 1044. La omision en el desempeño de fun
ciones oficiales será castigada con la suspension,
así del encargo como de su remuneracion y con
la inhabilidad para desempeñarlo, lo mismo que
cualquiera otro encargo ó empleo del Estado ó
de un municipio todo por un tiempo que no baje
de seis meses ni exceda de un año.

Art. 1045. Los funcionarios cuyos delitos, fal
tas ú omisiones deberán juzgarse y castigarse con
forme á este capítulo, son los que enumera el ar
tículo 104 de la Constitucion del Estado, y el tiem
po en que se les puede exijir la responsabilidad
oficial es el que expresan el citado artículo y el
99 de la misma Constitucion,

Art. 1046. Declarada la culpabilidad de cualquiera de los funcionarios á que se refiere el artículo anterior por delitos, faltas ú omisiones en que hayan incurrido desempeñando sus respectivos encargos, queda expedito el derecho del Estado ó el de los particulares para hacer efectiva ante los Tribunales competentes y con arreglo á las leyes, la responsabilidad pecuniaria que hubieren contraído por daños y perjuicios causados al incurrir en el delito, falta ú omisión.

Art. 1047. Siempre que se ligare un delito común con un delito, falta ú omision oficial despues de sentenciado el reo por la responsabilidad de este último carácter, se procederá por aquellos en los términos prevenidos en el art 105 de la Constitucion.

Art. 1048. Cualquiera otro delito de dichos funcionarios que no sea de los mencionados en los artículos anteriores, se castigará con arreglo á las prevenciones de este Código para los casos comunes.

Art. 1049. Los delitos, faltas ú omisiones oficiales producen accion popular.

TITULO XII.

Delitos de abogados, apoderados y síndicos de concurso.

CAPITULO UNICO.

Art. 1050. El abogado que, sin expresa instruccion por escrito de la parte á quien patrocine, alegue hechos falsos ó se apoye en el dicho de falsos testigos, será castigado con multa de treinta á trescientos pesos, si tenía conocimiento de la falsedad.

Art. 1052. El abogado que aconseje, dirija ó ayude á los dos contendientes, á la vez ó sucesivamente, en un mismo negocio, ó que patrocine, aconseje, dirija ó ayude á uno de ellos, despues de haberse encargado de la defensa del otro, y de imponerse de sus pruebas, será castigado con la pena de suspension de tres meses á un año y multa de cincuenta á doscientos pesos.

Art. 1052. El abogado que aconseje la presentacion de testigos ó documentos falsos, ó con cuyo conocimiento los presente la parte á quien patrocine, será castigado como cómplice de falsedad con circunstancia agravante de tercera clase, en segundo caso, y como autor en el primero.

Art. 1053. El abogado que á sabiendas alegue leyes falsas ó que no estén en vigor, ó pida contra lo que expresamente disponen las vigentes, será castigado con apercibimiento y multa de diez á trescientos pesos.

Art. 1054. El abogado que pida términos para probar lo que notoriamente no puede probarse ó no ha de aprovechar á su parte, ó promueva artículos ó recursos manifiestamente maliciosos, ó de cualquiera otra manera procure dilaciones que sean notoriamente ilegales, será castigado con multa de diez á trescientos pesos.

Art. 1055. Los abogados que habiendo recib

do como tales ó como apoderados alguna cantidad en dinero, créditos, fincas, mercancías ú otros
valores, los distraigan de su objeto ó á su tiempo
se nieguen á dar cuenta de ellos con pago, serán
castigados como reos de abuso de confianza, y
quedarán suspensos en el ejercicio de su profesion hasta que paguen el saldo legítimo con el
rédito, á rason de un seis por ciento anual, sin
que la suspension pueda exceder de un año.

Art. 1056. El artículo anterior comprende al
abogado que, á titulo de que su cliente le es deu
dor, retenga el todo ó parte de lo que éste le en
tregó, á menos que la deuda sea líquida.

Art. 1057. Tambien se aplicarán las penas del
art. 1049 al abogado y á cualquiera otra persona
que como síndico ó administrador de un concur
so ó de un intestado, cometan el delito de que
hablan los dos artículos que preceden.

Art. 1058. Los demás delitos y faltas de los
abogados se castigarán con las penas que señalen los Códigos de procedimientos civiles y criminales.

Art. 1059. Las prevenciones que preceden se
aplicarán á los apoderados judiciales ó extrajudi

ciales, cuando cometan los delitos de que se trata en este capítulo.

TITULO XIII.

Delitos contra la seguridad interior.

CAPITULO I.

Rebelion.

Art. 1060. Son reos de rebelion, los que se alzan públicamente y en abierta hostilidad:

I. Para abolir ó reformar la Constitucion del Estado.

II. Para impedir la eleccion de alguno de los Supremos Poderes, la reunion del Supremo Tribunal de Justicia, ó del Congreso, ó coartar la libertad de alguno de estos cuerpos en sus deliberaciones.

III. Para separar de su cargo al Gobernador del Estado.

IV. Para sustraer de la obediencia del Gobierno del todo ó una parte del Estado, ó algún cuerpo de tropas.

V. Para despojar de sus atribuciones á alguno de los Supremos Poderes, impedirles el libre ejercicio de ellas, ó usurpárselas

Art. 1061. La invitacion formal, directa y séria para una rebelion, se castigará con la pena de tres á seis meses de reclusion y multa de diez á doscientos pesos.

Art. 1062. A los que conspiren para hacer una rebelion, se les impondrá la pena de un año de reclusion y multa de cincuenta á quinientos pesos; excepto en el caso del art. 1058.

Art. 1063. Hay conspiracion: siempre que dos personas ó más resuelven, de concierto, cometer alguno de los delitos de que se trata en este capítulo y en el siguiente, acordando los medios de llevar á efecto su resolucion.

Art. 1064. Cuando se concierte que los medios de llevar á cabo una rebélion sean el asesinato, el robo, el plagio, el despojo, el incendio ó el saqueo, se impondrán á los conspiradores tres años de reclusion y multa de cincuenta á quinientos pesos.

Art. 1065. Serán castigados con un año de reclusion y multa de veinticinco á quinientos pesos: el que oculte ó auxilie á los expías ó exploradores de los rebeldes, sabiendo que lo son; y el que, rotas las hostilidades mantenga relaciones ó inteligencias con el enemigo, para proporcionarle noticias concernientes á las operaciones militares, ú otras que le sean útiles.

Art. 1066. Será castigado con uno á dos años de prision y multa de diez á quinientos pesos el que proporcione voluntariamente á los rebeldes víveres ó medios de trasporte ó impida que las tropas del Gobierno reciban esos auxilios.

Art. 1067. Se impondrán tres años de reclusion y multa de cincuenta á quinientos pesos:

1. Al que voluntariamente proporcione á los rebeldes, hombres para el servicio militar, armas, municiones ó dinero ó impida que las tropas del Gobierno reciban esos auxilios.

II. Al funcionario público que teniendo por razon de su empleo ó cargo el plano de una fortificacion ó sabiendo con el mismo carácter el se

creto de una expedicion militar revele éste ó en
tregue aquel á los rebeldes.

Art. 1068. Los que cometan el delito de rebe
lion serán castigados con las penas siguientes si
no hubiere hostilidades ni efusion de sangre:

I. Con cuatro años de prision los directores,
jefes y caudillos de los rebeldes:

II. Con tres años los que ejerzan un mando su
perior entre ellos.

III. Con dos años, los oficiales de capitan
abajo.

IV. Con un año los cabos y sargentos.

V. Con seis meses de reclusion la clase de tropa.

Art. 1069. Cuando las hostilidades llegaren á
romperse sin efusion de sangre, se aumentará una
sexta parte á las penas señaladas en el artículo
anterior y un tercio si hubiere efusion de sangre.

Art. 1070. Se tendrá como circunstancia agra
vante de segunda clase el mayor tiempo que el de
lincuente esté rebelado.

Art. 1071. Cuando en las rebeliones de que
se habla en los artículos anteriores se pusiere en
ejecucion para hacerlas triunfar alguno de los me
dios enumerados en el art 1058, se aplicarán las

penas que por estos delitos y el de rebelion correspondan segun las reglas de acumulacion.

Si no llegare á ponerse en práctica ninguno de estos medios, pero hubiere habido acuerdo para hacerlo se tendrá esta circunstancia como agravante de cuarta clase de la rebelion.

Art. 1072. En el caso del artículo anterior el ataque á la propiedad particular de cualquier modo que se ejecute será castigado con las penas de robo con violencia.

Art. 1073. Los rebeldes que despúes del combate dieren muerte á los prisioneros, serán castigados con la pena capital como homicidas con premeditación y ventaja.

Art. 1074. El que para hacer efectivas las exacciones de los rebeldes, reduzca á prision á una persona será castigado como plagiario.

Art. 1075. El que por medio de telegramas, de mensajeros, de impresos, de manuscritos ó discursos ó de la pintura, grabado, litografía, fotografía ó dibujo ó por cualquiera otro medio excitare directamente á los ciudadanos á rebelarse, será como autor si la rebelion llegare á estallar. En caso contrario, será castigado como reo de conato

Art. 1076. Para la aplicacion de las penas en caso de rebelion, se tendrán como autores principales: á los que en cada lugar las promuevan, dirijan ó acaudillen, y á los que concurran a su perpetracion en los términos expresados en las fracciones 1ª., 2ª., 3ª. y 7ª del art. 49. Los demas serán castigados como cómplices, no obstante lo prevenido en las fracciones 4ª., 5. y 6ª del citado artículo.

Art. 1077. En el caso de que la rebelion no hubiere llegado á organizarse, ni estén determinadas personas reconocidas como jefes, se tendrán y castigarán como tales, á los que de hecho dirijan á los rebeldes y lleven la voz por ellos, ó en su nombre firmen recibos ú otros escritos, ó ejerzan otras funciones semejantes.

Art. 1078. Los rebeldes no serán responsables de las muertes ni de las lesiones inferidas en el acto de un combate; pero de todo homicidio que se cometa, y de toda lesion que se cause fuera de la lucha, serán responsables tanto el que made ejecutar el delito, como el que lo pena y los que inmediatamente lo ejecuten.

Art. 1079. Los reos de rebelion que sean tambien responsables de delitos comunes, serán castigados conforme á las reglas contenidas en los artículos 194 á 203; pero la pena de reclusion se convertirá en prision.

Art. 1080. En todo caso de rebelion, la autoridad política ó la militar intimarán por tres veces á los sublevados, que depongan las armas y se retiren de la union rebelde.

Las intimaciones se harán con los intervalos que sean absolutamente necesarios, para que lleguen á noticia de los sublevados.

Art. 1081. Los que depongan las armas y se separen de la rebelion dentro de los plazos señalados en las intimaciones, ó ántes de que éstas se hagan, no serán castigados con pena alguna por este delito, si no fueren jefes ó directores de la rebelion.

Los que lo sean, sufrirán la cuarta parte de la pena señalada en el art. 1062.

Art. 1082. Las intimaciones de que hablan los dos artículos anteriores, no se harán cuando los rebeldes hayan roto ya el fuego, o hubiere peligro en demorar el atacarlos. Pero en est segundo caso, la falta de intimacion se tedrá como circunstancia atenuante de cuarta clase, para los que figuren en la rebelion cemo simples seldados.

Art. 1083. A las penas señaladas en los artículos que preceden, se agregará la de destitucion de empleo ó cargo, si alguno desempeñare el reo.

Art. 1084. El que sirva un empleo; cargo ó comision, en lugar ocupado por los rebeldes, sufrirá la pena de dos años de reclusion, si el empleo ó cargo habiere sido conferido por los mismos rebeldes.

Art. 1085. La calidad de extranjero en los casos de que se habla en este capítulo, se considerará siempre como circunstancia agravante de cuarta clase y en vez de la pena de reclusion, se impondrá la de prision.

Art. 1086. Cuando en la rebelion intervenga alguna circunstancia que la constituya delito militar, se castigará con arreglo á las leyes militares.

CAPITULO II.

Sedicion.

Art. 1087. Son reos de sedicion los que reuni
dos tumultuariamente en número de diez ó más,
resisten á la autoridad ó la atacan con alguno de
los objetos siguientes:

I. De impedir la promulgacion ó la ejecucion
de una ley ó la celebracion de una eleccion popu
lar que no sea de las que se mencionan en la frac
II del art 1054.

II. De impedir á una autoridad ó á sus agen
tes el libre ejercicio de sus funciones ó el cumpli
miento de una providencia judicial ó administrativa.

Art. 1088. Los que conspiren para cometer el delito de sedicion, serán castigados con la pena de seis meses á un año de reclusion y multa de diez á quinientos pesos; á excepcion del caso en que, para llevar á cabo la sedición, se acuerde emplear alguno de los medios de que habla el ar tículo 1058.

Art. 1089. La sedicion se castigará:

I. Con tres años de reclusion si se hiciere uso de armas.

II. Con cinco, si los sediciosos cometieren vio lencias, ó consiguieren su objeto.

Fuera de estos casos y de los artículos siguien tes, la pena será de uno á dos años de reclusion.

Art. 1090. En lo que sean aplicables á la se dicion, se observarán los artículos 1065 á 1071, 1072, 1077 y 1079.

LIBRO CUARTO.

DE LAS FALTAS.

CAPITULO I.

Reglas generales,

Art. 1091. Las faltas solo son punibles en el caso del artículo 17.

Art. 1092. En caso de acumulacion, se obser vará lo prevenido en los artículos 193 y 194.

Art. 1093. Hay reincidencia, tratándose de fal tas, cuando el culpable ha sido condenado otra vez por una falta de la misma clase, dentro de los seis meses anteriores á la última. En tal caso, se observará lo prevenido en el art. 204.

Art. 1094. Las faltas de que no se hable en este libro, serán castigadas con arreglo á los re glamentos ó bandos de policía que traten de ellas.

Art. 1095. Las penas señaladas en este libro

no podrán variarse por reglamentos ó bandos de policia.

Art. 1096. Los hechos considerados como faltas en este libro, dejarán de tener ese carácter, siempre que causen un daño que exceda de diez pesos. En tal caso se castigarán como delitos de culpa, si el delincuente obró sin intencion, ó con arreglo al art. 480, si tuvo ánimo de dañar.

Art. 1097. Las penas señaladas en este libro se aplicarán sin perjuicio de la responsabilidad civil.

CAPITULO II.

Faltas de primera clase.

Art. 1098. Serán castigados con multa de cincuenta centavos á tres pesos:

I. El ébrio no habitual que cause escándalo.

II. El que arroje, ponga ó abandone en la vía

pública cosas que puedan causar daño en su caída, ó con sus exhalaciones insalubres.

III. El que, sin otra circunstancia que convierta la falta ó delito, con frutos agenos para comerlos en el acto.

IV. El que por imprudencia arroje sobre una persona, alguna cosa que pueda causarle molestia, ensuciarla ó mancharla.

V. El que sin derecho, entre, pase, ó haga pasar ó entrar sus bestias de cargo, de tiro ó de silla, ú otros animales que puedan causar perjuicios, por prados, sembrados ó plantíos ajenos, ó por terrenos preparados para la siembra, ó en los que todavía no se hayan cortado ó recogidos los frutos.

VI. El que infrinja la prohibicion de disparar armas de fuego, ó de quemar cohetes ú otros fuegos artificiales en determinados lugares, dias ú horas.

VII. El dueño ó encargado de animales de carga, de tiro ó de silla, que los deje ó haga entrar en lugares habitados, sin el permiso correspondiente.

CAPIUTLO III.

Faltas de segunda clase.

Art. 1099. Serán castigados con multa de uno á cinco pesos:

I. El encargado de la custodia de algun demente furioso, si le permitiere salir á la calle y no se causare daño.

II. El que deje vagar algun animal maléfico ó bravío, y al que no impida que un perro suyo ataque á los transeuntes ó lo azuce, para que lo haga, si no llegare á causar daño.

III. El que rehuse recibir en pago, por su valor representativo, moneda legítima que tenga curso legal; á menos que haya habido pacto en contrario.

IV. El que pudiendo hacerlo sin perjuicio personal, se niegue á prestar los servicios ó auxilios que se le pidan en caso de incendio, inundacion ú otra desgracia ó calamidad semejantes.

V. El que arroje piedras, ó cualquiera otro cuerpo que pueda romper, ensuciar, manchar, ó deteriorar los rótulos, muestras, aparadores ó vidrieras; y los que de cualquier otro modo causen el mismo daño.

CAPITULO IV.

Faltas de tercera clase.

Art. 1100. Serán castigados con multa dé uno á diez pesos.

I. El que arranque, destroce ó manche las leyes, reglamentos, bandos ó anuncios fijados por la autoridad.

II. El boticario que, al despachar una receta, sustituya una medicina por otra, ó varié las dósis recetadas si no resultare ni pudiere resultar daño alguno.

III. El que, fuera de los casos previstos en este Código, cause algun perjuicio, ó destruya alguna cosa mueble de otro.

IV. El que, por dejar salir à un loco furioso, ó que vague un animal feroz ó maléfico, ó por la mala direccion, por la rapidez ó excesiva carga de un carruaje, carro, caballo ó bestia de carga, de tiro ó de silla, cause la muerte ó una herida grave á un animal ajeno.

V. El que cause alguno de los perjuicios de que habla la fraccion anterior, haciendo uso de armas sin las debidas precauciones, arrojando imprudentemente cuerpos duros ó cualquiera otra cosa.

VI. El que cause un accidente de los susodichos para no reparar un edificio ruinoso, ó por haber excavado, embarazado el paso, ó hecho cualquiera otra cosa semejante en las calles, plazas, caminos ó vías públicas, sin poner las señales ni tomar las precauciones acostumbradas, ó prevenidas por las leyes ó reglamentos.

VII. El que tome césped, tierra, piedras ú otros materiales da las calles, plazas, ú otros lugares públicos, sin la autorizacion necesaria.

VIII. El que en una huerta, almáciga, jardin ó prado ajenos, sean naturales ó artificiales, intro duzca animales que estén á su cuidado, sea cual fuere la especie de ellos.

IX. El que cause alarma á una poblacion, ya sea tocando las campanas, ya por medio de una explosion ó de cualquiera otro modo.

X. El dueño de comestibles, bebidas, medici- uas, drogas ó sustancias alimienticias que, hallán dose en estado de corrupcion, las vendan al pú- blico.

Los efectos de que habla esta fraccion, se de- comisarán siempre, y se inutilizarán si no se pu diere darles otro uso sin inconveniente: en caso contrario, se hará lo que previene la segunda par te del art. 837.

XI. El que maltrate algun animal, lò cargue con exceso ó teniendo alguna enfermedad que le impida trabajar, ó cometa con él cualquier acto de crueldad.

XII. El que en los combates, juegos ó diversiones públicas atormente á los animales.

XIII. El que quite, destruya ó inutilice las señales puestas para indicar un peligro.

XIV. El que cause daño en un paseo, parque, arboleda, ó en otro sitio de recreo ó de utilidad pública.

XV. El que de cualquier modo cause daño ó deterioro en estátuas, pinturas, ú otros monumentos de ornato, sean públicos ó particulares.

XVI. El que deteriore las tapias, muros, ó cercados de una finca rústica ó urbana que pertenezca á otro.

CAPITULO V.

Faltas de cuarta clase.

Art. 1101. Serán castigados con multa de dos á quince pesos.

I. El que por simple falta de precaucion, destruya ó deteriore el alambre, algun poste, ó cualquier aparato del telégrafo de una empresa particular ó del Gobierno del Estado.

II. El que no cuide de conservar en buen estado y de limpiar conforme á los reglamentos respectivos, los hornos y chimeneas de que haga uso en una poblacion.

Art. 1102. Al que sin haber fabricado pesas ó medidas falsas ni hecho uso de ellas, se le encuentren en su tienda, almacen, despacho, taller ó puesto, se le impondrá una multa de diez á cincuenta pesos.

Fuera de este caso se aplicará la pena que corresponda de las señaladas en los arts. 678 frac. 4ª, 679 á 681 y 690.

TRANSITORIOS.

Art. 1º Este Código comenzará á regir en el Estado desde el 16 de Septiembre del presente año.

Art. 2º Entretanto se organiza el ministerio público para todos los negocios criminales, solo tendrá éste intervencion en los asuntos que las leyes vigentes determinan, desempeñándolo los funcionarios que establece el decreto núm 19 expedido por el 7º Congreso Constitucional del Estado.

Art. 3º Los indultos, las conmutaciones y las

reducciones de penas, se harán por el Ejecutivo aplicando y en lo que fueren adaptables las leyes vigentes mientras se expide el Código de Procedimientos criminales."

Lo tendrá entendido el Gobernador del Estado, y dispondrá se imprima, publique y circule para su debido cumplimiento. Dado en Guanajuato, á 28 de Mayo de 1880—*Juan Urbina*, Diputado presidente—*Nicolás del Moral*, Diputado secretario—*Vicente Salcedo*, Diputado secretario.

Por tanto mando se imprima, publique, circule y se le dé el debido cumplimiento. Palacio del Gobierno en Guanajuato, á 17 de Julio de 1880.—*F. Z. Mena.*—*Albino Torres*, Secretario.

Gobierno Constitucional del Estado libre y soberano de Guanajuato. — Seccion de Justicia.

NUMERO 17.

EL C. JOSE BRIBIESCA SAAVEDRA, Goberna dor interino constitucional del Estado libre y soberano de Guanajuato, á los habitantes del mismo, sabed:

Que el H. Congreso ha decretado lo que sigue:

El décimo cuarto Congreso constitucional del Estado libre y soberano de Guanajuato, decreta:

Artículo único. Se reforma el art: 142 del Código penal en los términos sigientes: "Art. 142. Se llama prision extraordinaria la que se

sustituye á la pena de muerte en los casos en que
la ley lo permite: se aplicará en el mismo Esta
blecimiento que la de prision ordinaria y durará
veinte años».

Lo tendrá entendido el Gobernador del Esta
do y dispondrá se imprima, publique y circule
para su debido cumplimiento. Dado en Guanajuato, á 13 de Abril de 1891. — *Cárlos Robles*,
Diputado presidente.—*Pablo Chico*, Diputado se
cretario.—*P. R. Alatorre*, Diputado secretario.

Por tanto, mando se imprima, publique, circu
le y se le dé el debido cumplimiento. Palacio del
Gobierno en Guanajuato, á 14 de Abril de 1891.
—*José Bribiesca Saavedra*.—*Félix M. Romero*.
—Oficial mayor.

INDICE.

TÍTULO SEGUNDO.

De la responsabilidad criminal.—Circunstancias que la excluyen, la atenuan ó la agravan.—Personas responsables.

TÍTULO TERCERO.

Reglas generales sobre las penas.—Enumeración de ellas.—Agravaciones y atenuaciones.—Libertad preparatoria.

TÍTULO CUARTO.

Exposicion de las penas y de las medidas preventivas.

TÍTULO QUINTO.

Aplicacion de las penas.—Sustitución, reducción y con mutacion de ellas.—Ejecucion de las sentencias.

TITULO SEXTO.

Extincion de la accion penal.

TITULO SEPTIMO.

Extincion de la pena.

LIBRO SEGUNDO.

Responsabilidad civil en materia criminal.

LIBRO TERCERO.

De los delitos en particular.

TITULO PRIMERO.

Delitos contra la propiedad.

TITULO SEGUNDO.

Delitos contra las personas cometidos por particulares.

TÍTULO TERCERO.

Delitos contra la reputacion.

TÍTULO CUARTO.

Falsedad.

TITULO QUINTO.

Revelacion de secretos.

TITULO SEXTO.

Delitos contra el órden de las familias, la moral pública ó las buenas costumbres.

TITULO NOVENO.

Delitos contra la seguridad pública.

TITULO DECIMO.

Atentados contra las garantias constitucionales.

TITULO UNDECIMO.

Delitos de los funcionarios públicos en el ejercicio de sus funciones.

TITULO DUODECIMO.

Delitos de abogados, apoderados y síndicos de concurso.

TITULO DECIMOTERCIO.

Delitos contra la seguridad interior.

LIBRO CUARTO.

De las faltas.

Printed in the USA
CPSIA information can be obtained
at www.ICGtesting.com
LVHW051553260923
759266LV00032B/509